做心平气和的父母

许晶 —— 著

图文版

文化发展出版社
Cultural Development Press
·北京·

图书在版编目(CIP)数据

做心平气和的父母 / 许晶著. — 北京：文化发展出版社，2024.12. — ISBN 978-7-5142-4480-9

Ⅰ.G87

中国国家版本馆CIP数据核字第2024DF5600号

做心平气和的父母

著　　者：许　晶	
出 版 人：宋　娜	责任印制：杨　骏
责任编辑：孙豆豆	责任校对：岳智勇
特约编辑：陈小敏	封面设计：周　飞

出版发行：文化发展出版社（北京市翠微路2号　邮编：100036）

网　　址：www.wenhuafazhan.com

经　　销：全国新华书店

印　　刷：永清县晔盛亚胶印有限公司

开　　本：710mm×1000mm　1/16

字　　数：172千字

印　　张：13

版　　次：2024年12月第1版

印　　次：2024年12月第1次印刷

定　　价：59.80元

ISBN：978-7-5142-4480-9

◆ 如有印装质量问题，请电话联系：13683640646

前言
PREFACE

几乎所有的父母都有"望子成龙""望女成凤"的强烈愿望，都希望自己的孩子能学有所成，成就一番属于自己的事业。这种美好的愿望是否能够实现，很大程度上取决于父母如何教导孩子。

有些父母试过奖励、讨好、哄骗，也试过说教、惩罚、打骂……但常常没有一种方法见效，只能把自己气个半死。其实还有一种更积极有效的教养方法——正面管教。

所谓"正面管教"，是一种既不惩罚也不骄纵的有效管教孩子的方法。它采取积极、正面的态度对待孩子的每一个问题，调动孩子身上积极的、主动的、正面的成长力量，使孩子向好的方向发展，激励孩子自我进步，使教育进入良性循环的状态。

俗话说："没有种不好的庄稼，只有不会种庄稼的农夫；没有教不好的孩子，只有不会教孩子的父母。"教育是需要技巧的，如果你想让孩子优秀出众，就要跳出以往的思考方式，学习更多正向的思考模式和亲子教导、相处方式，试着不只对问题本身进行思索而是寻找问题解决的方法。

孩子的成长是一个静心等花开的过程，需要给他们无限的耐心和成长的空间。对于孩子的教育而言，我们应按照孩子的节奏，从孩子的身心发展规律出发，多一些宽容，多一些耐心，多一些期待。

　　心理学家认为，父母不应该只是努力为孩子创造一些良好的硬件条件，而是应该抽出更多时间，去了解孩子的性格、兴趣和爱好，从而让自己与孩子的心灵更亲近。真正的爱和教育，不是牺牲一方成就另一方，而是双方共同成长。父母和孩子的关系应该是互相陪伴、互相扶持的，父母只有使自己真正走进孩子的世界，才能用真爱陪伴孩子一起茁壮成长。所以，家长要学会转变角色，努力和孩子建立平等、信任的关系，以便为日后指导孩子做好铺垫。

　　教育孩子讲究正确的方法，好的教育让孩子受益终生。本书是一本诠释如何不惩罚、不骄纵，正向引导孩子的家教书。作者通过丰富生动的案例，并结合一些生活中常见的现象，帮助广大家长掌握教育的正确方向和科学方法，真正教到点子上。相信父母们通过本书提供的正面管教方法，能让每一个孩子全面健康地成长，拥有美好的未来！

目录
CONTENTS

第一章　不罚不纵，给孩子最好的教育

- 002　言传身教，先做好父母
- 007　陪孩子同行，伴孩子成长
- 012　要教育好孩子，首先要尊重孩子
- 018　不要过分地宠溺孩子
- 024　给孩子立下规矩才能成方圆
- 030　放低姿态，与孩子平等相处

第二章　不恼不怒，掌握与孩子沟通的技巧

- 040　教育孩子前，先控制好自己的情绪
- 044　学会倾听，孩子会更爱你
- 050　给孩子说话的机会，多听听孩子的想法
- 056　孩子的进步从赏识开始
- 063　不要唠叨，做聪明的父母

第三章　不打不骂，教孩子学会做人

- 070　责任，让孩子对自己负责
- 075　善良，让孩子拥有真善美
- 081　宽容，让孩子懂得体谅
- 086　诚信，让孩子赢得未来
- 092　感恩，让孩子懂得回报

第四章　不吼不叫，培养孩子良好的习惯

- 100　热爱劳动，做个勤劳的孩子
- 106　以礼待人，让孩子从小养成礼貌的习惯
- 113　俭以养德，让孩子养成勤俭的习惯
- 119　懂得谦虚的孩子，才能更快地进步
- 126　勤奋出佳绩，让孩子养成勤奋努力的习惯

第五章　不逼不迫，开发孩子的天赋和潜能

- 134　找准孩子的兴趣点
- 140　善待孩子的好奇心
- 145　重视孩子的善问
- 151　培养孩子的观察能力
- 157　独立思考，永远别给孩子标准答案

第六章　不拘不束，让孩子拥有自由的天空

- 164　放手，让孩子自己试着去做

170	锻炼孩子的生活自理能力
175	不包办，不担忧，让孩子在独立中成熟
179	自己拿主意，做个有主见的孩子

第七章　不急不躁，提高孩子的情商

186	提高交际能力，教孩子如何与人相处
191	告诉孩子，分享是一种美德
196	引导孩子学会尊重他人

第一章

不罚不纵，给孩子最好的教育

言传身教，先做好父母

① 父母先给孩子做个好榜样

人们常说，榜样的力量是无穷的。对于孩子的成长来说，这一点尤其重要。苏联著名教育家马卡连柯讲过："父母对自己的要求，父母对自己家庭的尊重，父母对自己每一行为举止的注重，是对子女最首要的，也是最重要的教育方法。"家庭是孩子最基本的生活和教育单位，父母的言行举止都是孩子的模仿源。孩子最初的行为习惯都是从父母那里学来的。因此，父母要特别重视榜样对孩子的巨大影响，时时处处为孩子树立好的榜样。

6岁的小雨跟妈妈去一位姓刘的阿姨家做客，在对方家时，小雨行为很随便，说话也没有礼貌。回家后，妈妈把小雨叫到身边，严肃地对他说："小雨，妈妈发现你对刘阿姨讲话时没有用礼貌用语。我跟你说过多少次了，你就是记不住！这样是很不礼貌的。"

谁知小雨说："妈妈，你不能怪我，你不是总教我要尊老爱幼吗？虽然你爱护我，但你从来没有尊重过奶奶！你对她说话就是我今天那个样子的。不过我下次一定会记得！"

妈妈听了小雨的话，脸瞬间红了。

你希望孩子成为什么样的人，首先就要力争把自己打造成什么样的人。家长应远离要求者的角色，把自己当成孩子的榜样，以身作则，这才是对孩子最好、最生动的教育。其实父母只要把自己该做的都做好了，在孩子面前树立一个好榜样，孩子自然而然会在父母的影响下往好的方向发展。

父母榜样作为一种具体的形为具有强烈的暗示和感染力量。父母不仅是一种权威，而且是孩子言行举止标准的提供者，父母的表现在很多情况下会成为孩子的参照。

苗苗今年 5 岁了。家里来了客人，客人给苗苗带来了一份精美的小礼品。苗苗很高兴，抱着礼物半天不说话。

这时候，妈妈发现苗苗在接受他人礼物时没有说"谢谢"，就微笑着对苗苗说："苗苗，你好像忘记说什么了？"苗苗显然还没有意识到自己应该说什么，瞪着一双茫然的大眼睛看着妈妈。这时，妈妈对客人说："谢谢您送给苗苗的礼物，我代苗苗谢谢您了！"

苗苗听了妈妈的话，意识到自己没有表示应有的感谢，于是也奶声奶气地说："苗苗谢谢叔叔给我的礼物！"

身教的效果就像春雨一样"随风潜入夜，润物细无声"。榜样的力量是无穷的，你展示给孩子好的一面，将来，孩子也会回报你优秀；你展示给孩子的不良言行，将来，收获的多半是孩子的坏毛病。英国教育思想家托马斯·阿诺德说过："父母的言行就是无声的老师，自觉或不自觉的榜样，强有力地发挥着潜移默化的作用。所以要想取得理想的教育功效，父母一定要以身作则，时时、处处、事事都严格要求自己，成为孩子人生的好榜样。"

❷ 言传身教在潜移默化中影响孩子

林则徐生长在福建一户贫困的塾师家庭，其父林宾日是一位教书为生的穷秀才，为人正直，一心想把林则徐培养成一个正直无私的人。平日里，父亲经常给林则徐讲述为人处世的法则和戒条，言教的同时他也为林则徐做出了榜样。林宾日不但为人善良、品德高尚、同情弱者、慷慨助人，而且非常注意向儿子展现这些美德。尽管林家早已家徒四壁、自顾不暇，但每当遇到比自己更困苦的人，林则徐的父亲总是慷慨解囊、热心救助。这些事，给林则徐留下了十分深刻的印象。

有一次，林则徐的三伯父家揭不开锅了，父亲就把家中仅有的一点儿米送给了三伯父，而自家则因此断炊挨饿。为了不让对方得知此事而难过，饿着肚子的父亲再三叮嘱饥肠辘辘的子女们不要说出去。

教育好孩子，重要的不是讲大道理，而是为孩子做榜样，让孩子跟着你做，身教重于言传！

"己所不欲，勿施于人。"父母希望孩子怎么样，就得在自己言行中先做到。父母是孩子终生模仿的样板，父母的言传身教，对孩子的心理发展和品性形成有着非常重要的影响。在日常生活中，大人的言行无时无刻不在影响着孩子，积极的、消极的各种影响都在潜移默化中浸润孩子的心灵，因此，在孩子面前，父母千万不能忽视自己的榜样作用。

香港富商李嘉诚在教育孩子方面很有见地，他非常注重对孩子人格和品质的培养。他的两个儿子李泽钜和李泽楷长到八九岁时，李嘉诚就让他们参加董事会议，不仅让孩子们列席"旁听"，还让他们插话"参政议政"，主要是想让他们通过这种方式学习父亲以诚信取胜的学问。李嘉诚坚信，教孩子学会做人、学会与人相处是家庭教育最重要的内容。他说："我经常教导他们，一生之中，最重要的是信。我现在就算再有多十倍的员工也不足以应付那么多的生意，而且很多是别人主动来找我的，这些都是为人守信的结果。对人要守信用，也许很多人未必相信，但我觉得一个'义气'，实在是终身用得着的。"

李嘉诚非常注重言传身教，在严格要求儿子的同时，也时时刻刻严格要求自己。虽然在对社会捐赠方面他始终都是大手笔，但在日常生活中，他却十分节俭、不求奢华。

古人云："近朱者赤，近墨者黑。"父母的言行举止都将在孩子洁白无瑕的心灵上留下深刻的痕迹，对孩子的思想、性格、品德的形成会产生深远的影响。著名教育家马卡连柯曾对父母们说："你们自身的行为在教育上具有决定意义。不要以为只有你们同儿童谈话，或教导儿童、吩咐儿童的时候，才是在教育儿童。在你们生活的每一瞬间，甚至当你们不在家的时候，都在教育着儿童。你们怎样穿衣服，怎样跟别人谈话，怎样谈论其他的人，你们怎样表示欢欣和不快，怎样对待朋友和仇敌，怎样笑，怎样读报……所有这些对儿童都有很大的意义。你们态度神色上的一切转变，无形中都会影响儿童，只不过你们没有注意到罢了。如果你们在家庭里粗野暴躁、夸张傲慢或酩酊醉酒，再坏一些，甚至侮辱母亲，那么你们已经严重地害了你们的孩子，你们对孩子的教育已经很糟糕了，而你们的不良行为将会产生不幸的后果。父母对自己的要求，父母对自己家庭的尊敬，父母对自己一举一动的检点，这是首要的和基本的教育方法。"总之，父母是孩子的一面镜子，有怎样的父母，就有怎样的孩子。父母若想成功地教育自己的子女，必须以身垂范，做孩子的榜样。

陪孩子同行，伴孩子成长

❶ 父母的陪伴对孩子成长非常重要

身为父母，最大的幸福莫过于把孩子带到这个世界，陪他们一点点长大，分享孩子成长过程中点点滴滴的快乐。然而，又有多少父母真正能跟得上孩子成长的脚步？

现代社会，繁忙的工作让很多父母陪伴孩子的时间越来越短，"忙"成了他们的"口头禅"。孩子想和父母一起吃饭，"忙！你先吃吧"。孩子想和父母一起出去玩，"忙！你自己玩吧"。孩子想和父母说说话，"忙！你找小朋友们玩去吧"……

作为父母，你可曾想过，这些冷冰冰的回答，会让自己和孩子之间的亲情越来越淡漠。心理专家表示，缺少父母关爱的家庭更容易产生问题孩子，无论工作多忙，父母都要抽出时间多陪陪孩子。

有一位父亲，他的事业很有成就，但在为人父母方面却有些失败，为此他非常苦闷。有一次，他酒后向一位朋友倾诉："我与儿子住在同一套房子里，但是一周都见不到几次面，更别说陪儿子玩了。"

朋友诧异地问："你晚上回家后不可以跟孩子说说话吗？"

"唉！我晚上不是加班，就是应酬，很晚才回家。回到家，儿

做心平气和的父母

子早睡了。第二天一早,我醒来时,儿子已经上学去了。中午儿子在学校吃午餐,我在公司吃,也见不上面。"

"你这样不觉得亏欠孩子吗?"

"你也知道,现在工作竞争这么激烈,我感觉自己像是脚踏在水车上,得不停地踩,从一项业务到另一项业务,马不停蹄地去做自己不得不做的那些事情。"

停了一下,父亲又继续说:"我这样辛苦,还不是为了儿子?将来他长大了一定会明白的……"

"不对,"朋友打断了他,"你这不是为了儿子。也许,你自己都不是很清楚如此辛苦忙碌是为了什么。你需要好好想一想自己究竟想要什么。"

很多父亲都有这样的想法：如果事业无成，我在这个世界将无法立足。等事业成功了，我再抽出时间来陪儿子。这是一种错误的想法，孩子的成长是不能等待的，小时候没有建立起来的感情，长大了很难弥补。

❷ 陪伴孩子成长都有哪些有效方式

作为父母，除了给孩子提供丰富的物质生活外，更要用足够的时间来陪伴他们。孩子的成长只有一次，一旦错过就永远没机会补救了，陪伴才是最好的爱。

法国有一位著名的少年节目主持人曾说过："培养你们的孩子，就应多和你们的孩子在一起，因为亲情的抚慰与关怀，有助于孩子的成长。"如果你真的爱孩子，有空时多陪陪孩子，也许你不在意，但这会带给孩子无比的快乐和意想不到的影响。

1. 陪孩子一起玩耍

孩子的生活，是游戏的生活；孩子的世界，是游戏的世界。好动是孩子的天性，孩子们就是在游戏和玩耍中一天天长大和进步的。因此，作为父母，应该让孩子去玩，教孩子如何去玩，更重要的是陪孩子一起玩。固然在游戏的世界中，孩子才是主角，但家长全身心地投入与陪伴，也是游戏中很重要的一部分。有了你的陪伴，孩子会玩得更尽兴，也会因此拥有更健康的心态。

晓梅5岁了。爸爸工作忙，经常不在家，对此晓梅很有意见，有一段时间甚至不理爸爸了。为了改善父女关系，爸爸开始每个周末都带晓梅到户外，教她玩新鲜的游戏。

晓梅最喜欢和爸爸一起玩"跳房子"游戏，在地上画格子，单脚跳完双脚跳……晓梅玩得特别开心。妈妈看到后觉得特别有意思，也加入一起玩。夫妻俩还轮流教晓梅玩折纸、做手影等。晓梅学会了用纸折小衣服、小青蛙、小笔筒，全班同学都很羡慕她，纷纷跟她学着折，这让她十分自豪。

游戏是孩子的天性，父母每周至少要有一天陪孩子尽兴地玩，这样孩子会对父母更加亲近。所以，为了让自己心爱的孩子更加快乐地成长，父母除了给予他们良好的生活环境，还要多和他们做一些其乐融融的亲子游戏。

2. 多陪孩子聊聊天

每个孩子都有交流的需要。每天孩子都会获得很多信息，他们需要把这些信息同周围人进行交流，从而获得美好的情感体验。

常言道："话是开心的钥匙。"多陪孩子聊聊天，与孩子分享每天的生活点滴，是创造亲子间坚韧情感的重要基础，这不仅可以引导孩子养成倾听与倾诉的习惯，还可增进父母与孩子之间的感情，从而更好地发挥家庭教育的作用。所以，为人父母者即便再忙，也应当抽出一些时间来陪孩子聊聊天。

余洋的父母都是生意人，为了给余洋创造更好的生活条件，他们在外面拼命工作，天天早出晚归，因此余洋平常很难见到父母的面。余洋虽然花销不愁，但只要看见别人一家人在一起团聚的情景，就会对爸妈心生怨恨，认为爸妈只认钱，不在乎他，不爱他。为此，余洋与爸妈的关系弄得很紧张。

余洋的父母注意到了儿子的不满情绪，于是抽空与儿子聊天，了解到儿子渴望父母陪伴自己，希望父母经常在自己身边。因此，余洋的父母商量后约定，每天无论多忙，都要抽出一定的时间来陪伴儿子。打那以后，父母每天都遵守约定，轮流抽出一段时间来陪伴孩子。余洋从中感受到了父母对自己的爱，每天心情都非常愉悦。

陪孩子聊聊天是对孩子最好的关爱，能拉近父母与孩子的距离，使孩子信服父母，对父母产生信任感。这样父母才能了解自己的孩子，更好地指导他们的学习和生活，促进孩子的健康成长。所以，父母无论平时工作多忙，每天都要坚持抽出至少 10 分钟和孩子聊聊天。10 分钟的时间虽然不长，但可以保证父母和孩子每天都有沟通，不断增进感情。

聊天的话题不要只是关心学业，还要聊聊他们在学校里的情况、课堂上的表现，以及对某些事物的看法，关键是要聊孩子感兴趣的话题。例如：你喜欢和谁玩？周末想去哪里玩？哪个卡通人物最可爱？上学路上有什么奇特的见闻……

3. 陪孩子一起共进晚餐

美国教育学家莎莉·路易斯在她的作品《唤醒孩子的才华》中写道："两年前，有人研究哪些因素能够促使孩子在学习能力倾向测试上得高分。智商、社会条件、经济地位都不及一个更微妙的因素重要，那就是得高分的孩子都经常与父母一起吃晚饭。"全家聚在一起吃晚餐的时间，是联络亲子感情的最佳时机。很多父母也认为，经常跟孩子一起吃晚餐，使他们有机会了解孩子的现状；跟孩子谈论各种事情，能帮助他们深入了解孩子的内心世界。

事实也证明，全家共进晚餐对孩子的心理健康非常有益。在这样的氛围中，孩子愿意向父母倾诉他们的喜怒哀乐，这样做能够及时化解孩子心中的不快和压力。通过交流，父母可以了解孩子一天的见闻和收获，引导孩子掌握新词汇，教会孩子如何交谈、倾听，提高孩子的交往能力。

与孩子共进晚餐时，父母要掌握好交流的技巧。专家建议说，每位家庭成员可以分别讲出他们当天最愉快的经历或最大的挑战，也可以共同制订第二天的晚餐食谱，父母还可以讲一些童年趣事，或者讨论一个全家都能参与的活动，甚至谈论一下孩子最近看过的书或电影。

做心平气和的父母

要教育好孩子，首先要尊重孩子

1 孩子需要从父母那里感受到尊重

人们经常说，一个老师要让自己的教育成功，先要关心学生的尊严和独立人格，接着才是教育。那么，父母教育孩子也应该是这样的。父母要从小就把孩子当作独立的社会人来教育。这样培育出的孩子，走上社会就能够快速进入状态，并具有"后生可畏"的劲头。

孩子最初的受人尊重的感觉是从父母那里得到的。身为父母，要认识到孩子是一个独立的个体，孩子虽然年幼，但他们有独立的人格和自我意识，他们有自己的想法和观点。父母不能因孩子的弱小、对成人的依赖，而无视他们的独立人格和自我意识的存在。爱孩子，尊重孩子，使他们从中感受到父母的爱和自身的价值，并由此学会尊重父母、尊重他人，这其实是特别有效的教子良方。

尊重孩子对于孩子的成长是至关重要的。我国著名教育家陈鹤琴主张：家庭教育要民主化，父母对待孩子要平等，尊重孩子的人格。孩子一直在被尊重的环境中成长，他自然而然地就会自尊自爱，同时也会给予他人尊重。

著名京剧大师梅兰芳从小就失去了父亲，母亲也在他年少时去世，童年十分凄苦，没有像许多孩子那样享受过父母的呵护和关爱。他跟随老师学京剧，更是冬练三九、夏练三伏。因此，大伙都说他是苦水里泡大的。后来，梅兰芳经过多年的刻苦努力，终于成为享有国际声望的艺术大师。他有了家庭，也有了孩子。尽管生活好了，但是梅兰芳明白这样的一个道理：疼爱孩子不仅要体现在生活上的满足和给予，更应在心理和人格上进行塑造，只有这样，孩子才会健康成长。因此，梅兰芳尽管在社会上大名鼎鼎，在家中却是一位和蔼可亲的好父亲。

当时，戏剧界流行子承父业，就是孩子也要从小像父亲一样学习演戏，长大去当戏剧演员。但是，梅兰芳却不这样做，他极力主张父母不能替孩子选定将来的工作，而应充分尊重他们的天赋和性格。而且，梅兰芳特别反对当时好多戏剧演员不重视孩子上学读书的陋习，主张首先应让孩子学文化。正是因为梅兰芳有这样的先见之明，所以，在他家中父母对孩子的"溺爱"很不同，父母全力地支持孩子到最好并且是他们最喜欢的学校去学习。此外，梅兰芳还特别注重观察和了解每一个孩子独特的爱好和兴趣，并在此基础上结合孩子的性格，辅助他们确立今后的生活和工作的方向。

梅兰芳的长子梅葆琛生性稳重、乐于思考，于是，梅兰芳便为他在理工科方面发展提供条件。后来，梅葆琛果然考上了名牌大学的建筑系，最终成为有名的建筑师。

二儿子梅绍武伶俐活络、形象思维发达，于是，梅兰芳便于抗战时送他去美国上文学系。后来，梅绍武成为一位著名翻译家，译有纳博科夫小说等重要西方文学作品。

梅兰芳唯一的女儿梅葆玥则沉稳娴静、温婉端庄，于是，梅兰芳便鼓励她大学毕业后当了一名大学老师。后来，在梅兰芳的支持下她成为有名的京剧演员。

梅兰芳最钟爱的小儿子梅葆玖自幼心灵手巧，极具艺术家的潜

做心平气和的父母

质，加上嗓音和形象俱佳，真是继承梅兰芳创立的"梅派"艺术的最佳传人。即使如此，梅兰芳也并不急于让他少年习艺，而是直到梅葆玖大学毕业才让他正式随剧团学艺。正因为如此，梅葆玖成为了一位极有修养和独特魅力的表演艺术家。

梅兰芳先生善于育子成才，经常有人向他请教培养子女的经验。每当此时，梅兰芳先生总是莞尔一笑，淡淡地说："尊重孩子，就像尊重观众一样！"

② 尊重是教育的前提

尊重孩子是教育孩子的基本前提。捷克著名教育家夸美纽斯曾指出："应当像尊敬上帝一样地尊敬孩子。"因为尊严是人类灵魂中最应该精心呵护，绝不可糟蹋的东西。而父母对孩子的尊重，实际上就是一种爱的体现。父母只有发自内心地爱孩子，才会在每一个细节上都尽可能地维护孩子的尊严，让孩子得到被尊重的愉悦感觉，孩子也才会更加自信而努力地去奋斗。

1. 尊重孩子的独立的愿望

生活中，很多家长溺爱孩子，对孩子不放心，总是处处干涉，支配孩子。这样的结果就是让孩子失去了自己的空间，什么事都依赖父母，变得畏首畏尾，对生活失去自信。严重的甚至可能引起孩子的逆反心理，导致孩子和父母之间的冲突。这些对孩子的成长是非常不利的。

有一位妈妈，她非常疼爱自己的女儿，为女儿安排好了生活中所有的一切：一周的饮食表、每天的作息时间、餐后的娱乐活动、练琴、朋友生日时送什么礼物、每天去学校穿哪套衣服……甚至梳哪种发髻来搭配衣服，妈妈都有精心的安排。

每天，女儿从学校回来，妈妈都会问她很多问题，比如"和同学相处得怎么样？""老师上课的内容能听懂吗？""妈妈准备的点心吃了吗？""大家喜欢妈妈为你搭配的衣服吗？"妈妈认为女儿会很开心妈妈为女儿打点好了一切，因为她确实是一个很能干的妈妈，她相信女儿在心里一定会为自己有这样一个好妈妈而觉得骄傲。

然而，女儿一天比一天不快乐。终于有一天，她对着妈妈大喊大叫："你总是给我安排好一切，总是问我那么多的问题，可是你从不问我到底喜不喜欢你为我这样做，也不问我开心不开心！"

做心平气和的父母

妈妈很伤心:"难道这样的妈妈你还嫌不够称职吗?"

"我希望我的妈妈是一个会关心我心里想法的人!"

孩子是一个独立的个体,父母不能以自己的主观判断和意愿为出发点来爱孩子。父母应该给孩子充分的自由空间,让孩子学会自主地安排事情,提高生活的独立决断力。

2. 尊重孩子的兴趣爱好

孩子是独立的个体,有自己的喜怒哀乐,自然也有自己的兴趣爱好,但很多家长并不将此当回事,认为孩子的人生道路应该由家长来安排。这种看法显然是不对的。如果孩子不以兴趣为出发点,那他们对什么事物都会反应平淡,很难有所成就。而如果违背孩子的意愿,那更会伤及孩子的自尊心。因此,父母要尊重孩子的兴趣爱好。即使孩子的这种兴趣爱好可能与父母的期望有差距,但只要是正当的喜好,父母就应该尊重孩子。

有一个小男孩,他按照父母的意愿开始学习书法。在父母的督促下,他每天都要进行一小时的书法练习。有一天,孩子竟哀求说:"妈妈,我实在不喜欢写毛笔字了,一点儿意思也没有。每天你们都逼着我写,其实我是为你们写的。别人夸我,你们就高兴,而我却不高兴。"这一番话,使孩子的母亲又震惊,又伤心,她问孩子:"那你喜欢什么?"孩子说:"我喜欢钢琴,想学钢琴。"母亲思考再三,觉得还是应该尊重孩子的意愿,满足他的要求。于是,这个男孩开始学习弹钢琴。由于感兴趣,现在他学习钢琴非常自觉,在完成作业之后,他就开始弹钢琴,他把丰富的想象融汇在对乐曲的理解和弹奏过程中,既丰富了心灵,陶冶了情操,又取得了事半功倍的效果。

苏霍姆林斯基说："世界上没有才能的人是没有的。问题在于教育者要去发现每一个学生的禀赋、兴趣、爱好和特长，为他们的表现和发展提供充分的条件并进行正确引导。"所以，父母能做的，就是发现孩子感兴趣的东西，然后引导他们将其发展为一种爱好和特长。如果父母不了解孩子，只是按照自己的喜好为孩子培养特长，那么孩子不但在这个特长上不会有所成就，就连本来感兴趣的爱好也没有机会去发展了。

做心平气和的父母

不要过分地宠溺孩子

❶ 家长赶快停止溺爱式教育

高尔基说过:"爱孩子,这是母鸡也会的事。"的确,疼爱孩子是父母的天性,但是如果疼爱得过了头,那就要变成溺爱了,溺爱只会害了孩子。作为父母,千万要注意杜绝这种情况出现。

所谓溺爱就是对孩子过分宠爱,不敢管教,对他百依百顺,满足他们的无理要求,对他们的不良行为不加以纠正。心理学家们认为,被溺爱的孩子常常具有如下的品质:不尊重权威、过分依赖父母、缺乏独立性、不遵守纪律、不听话、任性、不关心他人。有的长大以后甚至走上犯罪的道路。

16岁的刘威,在家是皇帝,在学校是混世魔王,在社会是劫匪。自小,他的父母就对他宠爱有加,他过着衣来伸手、饭来张口的生活。后来他在社会上结识了一些不良青年,整天跟着他们游手好闲。一天晚上,当刘威的朋友提出去抢劫别人的东西换钱玩后,他当即响应,对受害人张某实施抢劫。在抢劫过程中,他上前搜身。他们抢得手机一部,现金 500多元,刘威分得 200元。刘威尝到了第一次甜头,觉得不劳而获的钱得来太容易了,三个月后,他再次伙同他人对另一位受害人王某进行抢劫……

上例中惨剧的发生，都是父母溺爱的结果。法国教育家卢梭说："你知道运用什么方法，一定可以使你的孩子成为不幸的人吗？这个方法就是对他百依百顺。"这就是溺爱。

现在的很多孩子都是独生子女，他们成了家庭的中心，"捧在手里怕飞了，含在嘴里怕化了"，呵护有加、爱护过度成了家庭教育的主流。而这种"呵护有加，爱护过度"的家庭教育就是溺爱型教育。

一位教育家说过："溺爱是父母与孩子关系上最可悲的事，用这种爱培养出来的孩子不肯把心灵献一点儿给别人。"父母过分溺爱孩子会让孩子不知道自己也应关心别人，缺乏同情心和自控能力。一个在溺爱环境中长大的孩子，别指望他／她将来会有出息。

❷ 把溺爱转变成智爱

爱孩子，可以智爱。放弃用过分控制或纵容的方法对待孩子，用慈爱而坚决的方法教育孩子、培养孩子，会对孩子的成长更有帮助。当孩子做错了事，父母要讲明是非，纠正错误，再以适当的方式表示亲昵，使其感受到父母依然爱他／她。这样能激起孩子对父母由衷的爱戴与尊敬，进而使他／她体会到父母养育自己的艰辛。

王芳生活在一个很幸福的家庭。王芳的爸爸是机关干部，妈妈是公司经理，生活富裕而和睦。王芳的父母决心把女儿培养成一个杰出的人才，把全部的爱都倾注在了女儿身上。

但王芳的父母并不是对女儿百依百顺。女儿上中学后，变得懂事多了，爸爸妈妈工作忙，很多时候，都是王芳自己做饭，衣服也都是自己洗，有时还帮爸爸妈妈做家务，这让爸爸妈妈感觉轻松了不少。而王芳的学习成绩并没有因为多做了点儿家务就变差，反而

做心平气和的父母

<u>还前进了几名。</u>

<u>有一次，王芳的爸爸出差了，妈妈却病了，于是王芳就照料起了妈妈的生活。买药、熬药、饮食起居，都是王芳的事情。王芳的妈妈怕影响了孩子的学习和休息，就想雇个保姆，但是王芳没同意，王芳说自己可以照顾妈妈，不会耽误学习的。</u>

王芳父母的做法就很好，爱孩子，希望孩子能够成才，却没让孩子生活在优越感中，而是给孩子成长锻炼的机会。不溺爱孩子，孩子会自己成长。

父母对孩子的爱是伟大而无私的，只是凡事要有度，适度而行。正确的爱对孩子的健康成长起着很大的促进作用。而溺爱让孩子不会爱，让孩子失去爱的能力，只有让孩子吃一些苦，让孩子遇到一些小的挫折，孩子才能够真正地成长。

苏联著名教育学家马卡连柯说："父母对自己的子女爱得不够，子女就会感到痛苦，但是过分的溺爱虽然是一种伟大的感情，却会使子女遭到毁灭。"为人父母不仅要爱孩子，更重要的是让孩子学会爱。孩子未来要走的路很漫长，做父母的我们不可能一直伴随左右，所以不要让孩子在溺爱中成长。

1. 敢于对孩子的无理要求说"不"

生活中，有一些孩子为了得到自己想要的东西，往往哭天喊地地逼迫父母。对此，18世纪法国著名教育家卢梭告诉我们，当一个孩子哭着要这要那的时候，"不论他是为了想更快地得到那个东西，还是为了使别人不敢不给，都应当干脆地加以拒绝"。他说："如果你一看见他流眼泪就给他东西，那就等于鼓励他哭泣。这是在教他怀疑你的好意，而且还以为对你的硬讨比温和的索取更有效果。"一旦如此，只要他们的欲望得不到满足，他们就会哭着来要挟父母，逼迫父母就范。孩子的欲望是无止境的，总有一天父母要拒绝他们。而此时的拒绝比当初的拒绝给孩子的打击要大得多。当孩子放纵的欲望最终被拒绝时，轻者会造成孩子的焦虑恐惧、烦躁不安和悲愤绝望心理。严重情况下，还会导致孩子轻生自杀的行为。

卢梭先生启示我们，面对孩子的无理要求，家长们要硬起心肠说"不"。如果因为害怕孩子无休止地哭闹而一次次地妥协，孩子就会慢慢知道父母的软肋，今后再想要教育孩子就会很困难。只要在一开始就采取果断的态度，就能够避免放任孩子一直耍无赖。

2. 学着放手

孩子渐渐长大，家长们就要学着放手，让孩子独立自理，学会面对，学会坚强，学会担当。从学会自己穿衣、吃饭、洗漱，到帮助家里打扫卫生、烧菜洗碗、洗衣服，只要是他们力所能及的，就让他们去做。不要事事都包办，不然的话孩子永远也不会成长成熟，而且会很懒惰。

陈女士的儿子从刚出生到上学读书，父母什么事都替儿子做妥帖了，所以儿子什么事都不会做。有一次陈女士在上卫生间，叫儿子去关一下煤气灶，谁知14岁的儿子竟说不会关，这令陈女士很惊讶。为了增强儿子的独立自主性，她和丈夫商量后，拟出一个"药方"，就是每周日让孩子当一回"值班家长"，教孩子如何节俭，如何当家。

他们规定了"值班家长"的三项任务：一是搞好家里的卫生，比如拖地板、洗碗等；二是安排一日三餐吃什么，具体操作可叫父母去做；三是安排家人一天的"外事"活动，可外出游玩，也可走亲访友，或是陪儿子在家做作业。他们没想到，儿子当"值班家长"还真来劲儿，第一个星期天"值班"就早早起来拖好了地板，并就近买来了面包当早餐。他宣布中午吃"炒猪耳朵"和"煲一个汤"，晚上吃"豆干炒猪肉"和"炒一个青菜"，至于"外事"活动就是一家三口去北湖公园玩。下午游玩回来，儿子还郑重其事地写了一篇日记。晚上看到陈女士在洗脸，他还说："妈妈，水不能放得太多，要节约用水。"儿子的话逗得陈女士夫妇哈哈大笑。可见，让儿子当"值班家长"这个做法很成功。

与其父母一一照顾周全，莫不如让孩子自己找事情做并完成。我们可以将日常生活中在孩子能力范围之内的事务交给他们独自处理，并观察孩子的完成情况，如让三四岁的孩子学会照料自己的生活，自己吃饭、漱口、洗脸、穿脱衣服等，让五六岁的孩子学做一些简单的家务劳动，如擦桌椅、扫地、洗手帕等，让七八岁的孩子参加一些社会公益劳动，如打扫环境卫生等。

3. 勇于把孩子推出大人的庇护

每个家长都很爱自己的孩子，可是应该怎样去爱，却需要爱的智慧。爱就是支持孩子自己勇敢地面对困难，在战胜挫折中长大、成才，而不是将孩子庇护在父母的羽翼下，拼命地给予孩子。如果小鸡在母鸡的翅膀下成长，永远也不可能自己去觅食；如果小鹰只是在老鹰的呵护下长大，则永远也不能翱翔天空。同样的道理，孩子如果生活在父母的怀抱里，没有独立生活的能力，就不可能面对生活中的各种挫折，适应日益复杂的社会，也就更谈不上建功立业了。

作为美国前总统肯尼迪的遗孀，杰奎琳可以说是非常富有、非常有名气，但她对儿子约翰的要求却十分严格。小约翰刚刚 11 岁，杰奎琳就把他送到了英国的德雷克岛"挑战者营地"去接受训练，学习驾驶帆船、独木舟、练习爬山，通过这些来锻炼儿子独立果断的做事习惯。在约翰 15 岁那年，杰奎琳又送他到肯尼亚的荒郊野外中独自生存。在暑假期间，杰奎琳还把儿子送去参加"国家户外学校"的 70 天训练。

为了更进一步强化约翰独当一面的才能，杰奎琳让儿子参加赴危地马拉志愿队，从事地震救灾等公益工作，以此磨炼他的独立能力。

正是因为接受了这样的教育与磨炼，自幼自卑、羞怯、优柔寡断、依附性强的约翰慢慢变得自信潇洒、积极上进、果断坚强。约翰于1983年毕业于布朗大学，在印度工作过一段时间后回美国，在纽约担任第42届发展协会副主任。1996年，约翰创办了一家杂志社，自己任杂志社的董事长。

由一个自卑怯懦的孩子成为一个卓越的人，这与约翰母亲从小就注重培养他独立的做事习惯密不可分。

不要像母鸡一样护着小鸡，这样的孩子只会一味躲在家里，根本没办法独立生存。要勇于把孩子推出大人的庇护，让他们走出家门，多加磨炼。只有这样，孩子才能在未来激烈竞争的社会中，风雨无阻地前行。

给孩子立下规矩才能成方圆

① 家要有家规

俗话说:"国有国法,家有家规。"也就是说,做任何事都要懂规矩、守规则。

所谓家规,就是家庭成员共同遵守的道德行为准则。父母为孩子制定合理的规则,立出合理的界限,是将孩子培养成可方可圆的"大器"的关键之一。没规没矩的家庭,家长随心所欲,孩子也无所适从。以自我为中心、任性、缺乏责任心,都是没有规则意识的表现。约束来自规矩,制定规矩就是从小培养孩子的规则意识,让孩子有章可循、有"法"可依。

有一个男孩子刚开始上小学,还不能很好地适应,存在贪玩、自觉性较差、晚上不能按时睡觉等问题,时间利用得也不好,他总觉得时间不够用……为此,他的父亲根据孩子做不好的几件事情,制定了家规。家规上共有 5项内容,都是每天要做的事情,执行时间是周一到周五。包括早晨起床、完成家庭作业、练琴情况、在家情况、晚上上床睡觉情况。

每一项都有具体的规定,早晨起床这一项,对他的要求是:按时起床,不能晚,也不能太早;起床后穿衣服动作要快,洗漱及吃早饭动作要快。按照每天表现情况打分，每个项目满分为5分，一周满分为125分。一周得100分以上，给一种奖励；112分以上，给两种奖励。奖励内容包括出去玩、讲故事等。

一个月过去后，这个男孩子的坏习惯都得到了明显的改善。

在家庭中适当制定一些简单易操作的家规，对于规范孩子的言行，培养孩子良好的教养非常重要。苏联教育家苏霍姆林斯基曾说："良好的家规可以提醒孩子，防止孩子犯错误，规定应该做的和不该做的及不能做的，明确是非曲直和人生目标，有利于孩子成长成才，避免家庭教育的随意性、盲目性。"清朝著名学者纪晓岚在教育子女上也同样制定了"四戒""四宜"的家庭规范。由此可见，为孩子制定合理的规则，立出明确的界限，是父母的重要职责，也是将孩子养成人才的必要手段。

俗话说："没有规矩，不成方圆。"足见规矩的重要性。孩子属于未成年人，年龄尚小，自制力不强，易于诱惑，这些特点告诉我们，孩子成长光靠自觉是不行的，需要一定的外部强制力。家规就是一种有效的外力，它具有强制作用，可以约束孩子的行为。具体可行的家规，可以纠正和改变孩子的不良行为，能让孩子明确界限，守住自己的界限、尊重别人的界限，从而增强他们的责任感，发展他们的自我约束能力，有利于孩子学会自我负责。

❷ 在家庭生活中多一些家规教育

最近一段时间，由于学业较忙，王翔不经意间养成了一个坏习惯——边吃饭边看书。这既耽误了时间又影响了消化，父母怎么劝说也不能彻底改变。后来，父母和他一起制订了整改时间和方案，限他一个月必须改变，否则以后再也不给他买新书了。王翔爱书如命，每个月都要多次逛书店购买新书。玩具不买可以，零食不吃可以，书不买他是怎么也受不了的。为此他下决心改正边吃饭边看书的坏习惯，父母也按约定一个月未购买新书。王翔通过一个月的父母督促和自我克制，终于改掉了这一坏习惯。

事实证明，为孩子制定适当的"家规"，可以规范孩子的行为，帮孩子培养良好的行为习惯。毋庸讳言，在现实生活中，处处充满了诱惑。因地制宜地制定些"家规"，来作为家庭成员生活的底线，这对家庭生活的幸福无疑是有利的。同时，由于有了"家规"，父母和孩子一起遵守，对孩子起到了潜移默化的教育作用，这更加有利于孩子的健康成长。

制定家规是进行家规教育的前提条件。遗憾的是，现在一些年轻的家长，受社会各种因素的影响，缺少家规意识，在家庭生活中，家长和孩子都明显缺少规矩的约束，这不但对家庭建设不利，对孩子的成长也没有好处。所以，作为一个文明家庭都应该有一个既能约束家庭成员的言行，又符合社会一般公共道德准则的家规。

在具体制定家规时，应该注意以下几点：

1. 让孩子理解家规的目的和意义

制定家规的目的，是让孩子明白，是非曲直，以便孩子能够更快更健康地成长，也有利于家长更好地把握教育的分寸。所以，在制定家规之前，要先让孩子理解家规的目的和意义。同时，一定要告诉孩子，家庭规矩都有哪些内容，这样有助于孩子遵守家规。比如：饭桌上的基本礼仪，在路上看到熟人要打招呼，和人说话时眼睛要看着对方……

李先生是一个成功的生意人，他中年得子，爱如掌上明珠。他知道做人比做生意更重要，所以特别注意对儿子品格的培养。

儿子 5 岁了，喜欢自顾自地玩耍，大人和他说话，他充耳不闻。李先生认为礼貌要从小培养，所以不能放任孩子对别人的话充耳不闻。每当这时候，李先生都很心急，他摆出平时在公司那种"九五之尊的威严"，怒不可遏地训斥孩子。孩子对他的话毫不在意，反而哭闹一番，事后还是"故技重演"。

李先生不死心，一次次地把儿子从玩耍中拉出来，大呼小叫地对儿子进行教育批评。可每一次，他都以失败告终。

这明显是以爱的名义执行伤害的经典案例。其中的问题是，小孩子挨了打却并不知道自己到底做错了什么，反而会认为父母怎么这么不讲理？非要逼迫自己听他们的。所以，给孩子立规矩时，父母要明确对孩子的要求和期待，并仔细说明为什么要这么做的理由，这样，才能有助于成功地给孩子立规矩。

2. 和孩子一起制定家规

最初的家规的制定，由于孩子尚小（婴幼儿期），不必征求孩子的意见，可根据家庭实际状况及孩子的身心特点，由家长制定执行。孩子大一些（5岁以后）了，制定或是修改家规必须征得孩子的同意，尤其是涉及孩子的条款，家长要和孩子一起完成。

和孩子一起制定家规，不仅表示了家长对孩子的尊重，而且有效地鼓励和培养了孩子的自律能力和责任感，可谓一举两得。

3. 家规制定尽量简单

父母在制定家规时尽量简单易懂，家规表述尽量多用正面语言。一般来说，制定5~10条家规就足够了。如果有太多条家规，孩子会觉得父母太过于专制。

小颜是小学二年级的学生，老师常常夸她比其他同学懂事。这其实与她父母对她的教育有很大的关系。在小颜5岁的时候，父母就给她定了简单的家规：

(1）自己洗澡；

(2）9点半睡觉；

(3）尊重师长、爱护同学；

(4）遵守公共秩序。

几年坚持下来，小颜就养成了良好的习惯，每天自己起床，自己吃早饭，自己去上学，晚上做完作业后看一会儿电视，然后自己洗澡睡觉。这些事她从不用父母操心。在学校，小颜很尊重老师，乐于帮助别人，学习成绩也很优秀。

以上事例中这几条规定非常简单且具体，一就是一，二就是二，对于孩子来说，简单明了。这几条家规的重点在于培养孩子成为一个讲卫生、懂礼貌、有良好作息习惯和约束力的人。相信这也是很多家长的共同愿望。

4. 温柔而坚定地执行规矩

父母对孩子进行家规教育，不能凭着自己的主观意志办事，今天执行了，明天因为懒就放纵了孩子，也不能由着性子来，今天心情好了就教育，明天情绪不好就不教育。家规教育具有持久性的特点，家长要有耐心，能始终如一地坚持下来，昨天这样，今天也这样，在家里这样，家长要做到外面也是这样。同时，也不因为孩子闹情绪就轻易改规矩，还是要温柔而坚定地执行下去。家规教育的效果在于坚持。

5. 与孩子共同遵守家规

家规是约束所有人的，包括孩子和家长。如果父母不能给孩子做出榜样，说话不算数，那么孩子会认为父母是"两面派"，也不可能用正确的态度对待父母制定的规矩。所以父母要做好孩子的榜样。另外，当家长违反家规、出现问题时，也应当受到相应的惩罚。

玲玲是一个嘴馋的小女孩，她非常喜欢吃零食，尤其是在看电视的时候。

为了让玲玲从小养成良好的习惯，妈妈对她的要求一向非常严格。妈妈看到玲玲看电视的时候总是吃零食，知道这样对她的身体健康不好，因此制定了一条家规：禁止看电视的时候吃东西。

可是，妈妈也有看电视时吃零食的习惯，因此玲玲只能眼巴巴地看着妈妈边吃零食边看电视。她觉得非常不公平，便向妈妈提意见。妈妈每次都会说："妈妈知道了，下次看电视妈妈一定不吃零食了。"虽然妈妈嘴上说会改掉这个习惯，但是每当看电视的时候她依然会吃零食。

一旁的爸爸认为这是一个教育孩子的好机会，他决定利用这个机会帮母女俩改掉看电视时吃零食的坏习惯。

于是，爸爸主持公道了："家规既然制定好了，家里的每个人都应该遵守。妈妈既然说话不算话，就应该受到惩罚。"对于爸爸的用意，妈妈心领神会，便检讨了自己的错误行为。为了表示公正，爸爸还"惩罚"妈妈一周都不能吃零食。

在爸爸妈妈的影响下，玲玲不仅改掉了看电视时吃零食的坏习惯，还养成了说话算话、信守诺言的好习惯。

家规既然是共同制定的，就应该共同遵守。因此，父母切记不能认为家规仅仅是给孩子制定的；相反，父母应该带头遵守，以身作则，以成为孩子学习的榜样、效仿的楷模，做好孩子人生的引路人。

放低姿态，与孩子平等相处

❶ 孩子感受到平等和尊重，才会听父母的话

平等是人际关系的基础。没有平等，就没有尊重；没有尊重，就没有爱；没有爱，就没有教育；没有教育，就谈不上孩子的成长与发展！

美国精神病学家威廉·哥德法勃说过："教育孩子最重要的是要把孩子当成与自己人格平等的人，给他们以无限的关爱。"只有和孩子平等相处，做到尊重孩子，才能和孩子成为朋友，为有效的亲子沟通铺平道路。

有心理学家曾指出，与长辈平等，受长辈尊重，在孩子看来是难得的一种幸福。从表面上看来，这种唾手可得的幸福似乎是所有父母都可以给予孩子的。其实并非如此。长期以来，我们的传统给予父母太多的权力，使得父母习惯于高高在上，把自己的主观愿望强加到孩子身上，而很少考虑孩子的真实想法。当自己的愿望与孩子的想法发生冲突时，家长总会强制孩子按自己的意愿行事，很少考虑孩子的感受。家长以这种居高临下的姿态来关心孩子，往往会适得其反。

陈月的女儿不满三岁，大大的眼睛，圆圆的小脸蛋，十分可爱。和所有的母亲一样，陈月自女儿呱呱坠地以来，就在她身上寄托了自己无数美好的愿望。眼看着女儿一天天长大，她会笑了、会

看了、会坐了、会翻身了、会爬了、会走了……当妈妈的陈月说不出地高兴。

陈月是一名幼儿园老师，作为一名幼教工作者，她深知"娇纵"给孩子带来的危害，然而孩子的爸爸总说："孩子还小，什么事都由她吧！"没办法，在家庭中陈月只能充当起"白脸"的角色，平时对女儿的要求非常严格。但是，自从那件事情发生以后，陈月改变了对女儿的教育态度。

一天晚上十一点多，劳累了一天的陈月真想酣然入睡，可女儿还在兴致勃勃地玩耍。于是陈月开始哄着她说："乖，咱们睡觉了。"女儿摇摇头，示意要玩玩具。陈月不由分说地将她的衣裤脱掉，塞进被窝，女儿却哭闹着钻出了被窝。

这时候陈月心软了：还是再让她玩一会儿吧。过了半小时，陈月再次让女儿睡觉，但女儿还是不睡，哭闹着示意陈月把她的裤子穿好。于是陈月开始生气地责骂女儿，孩子的哭声越来越响。陈月恼火了，在她的小屁股上"啪、啪"拍了两下。

这时候女儿哭得更委屈了，一只小手指着门外，示意要去外婆那里。陈月把她按倒在床上，心里犯起了嘀咕：好大的脾气呀！女儿这时一下子爬起来，小手敲打着陈月的身体，一边哭一边念叨着听不清的话。

女儿的这一举动让陈月开始深思：虽然孩子还小，说话还不利索，但她已经有了自己的思想，也是一个独立的个体。父母不能一再要求孩子遵从父母所愿，压迫他／她去做自己不愿意做的事情。相反，我们应该学会平等地对待孩子，成为他们最好的朋友。

在上面的例子中，我们看到，尽管陈月的孩子还小，但是她已经有了自己的思想，不喜欢妈妈要求她去做自己不想做的事情。回过头来想想自己的孩子，是不是也有过类似的经历呢？其实只要父母能够放下架子，平等对待孩子，正确引导孩子，而不要把我们的要求强加给孩子，成为孩子的好朋友，就一定会走进孩子的心灵。

在家庭中，父母与孩子是亲子关系；而在家庭教育中，亲子关系就会上升为教育者与受教育者的关系。家庭教育要想获得真正意义上的成功，就必须正确处理好教育者和受教育者的关系，只有这两者的关系平等、和谐，才有成功的家庭教育可言。

事实上，孩子有思想的权利，有人格和尊严上的平等。他们希望父母能够给予他们同成人一样的尊重和平等。父母只有平等地对待孩子，走进孩子的心灵，做孩子心灵的朋友，用童心对童心，与孩子平等交流，孩子才有可能感受到平等和尊重，才会听父母的话。

❷ 不要居高临下，蹲下来，跟孩子平等沟通

平等，不仅存在于大人之间，大人与孩子之间也需要平等。身为父母我们必须认识到在人格上孩子与成人是平等的，父母应给孩子应有的平等。给孩子平等对话的机会，是对孩子人格的一种尊重。只有与孩子平等交流，尊重孩子，了解孩子，才能与孩子建立和谐、宽容的亲子关系，与孩子共同成长。

美国家庭教育专家史蒂文说："成功的家庭教育，是家长舍得花时间与孩子在一起，以一种平等的态度与孩子交流，对孩子正确的想法和行为给予充分的肯定。"的确，在家庭教育中，父母要放低姿态，以平等的心态对待孩子，把孩子作为一个独立的个体来看待，在相互尊重的前提下，进行平等的对话。虽然孩子小，但他们并不喜欢父母一直都把自己当小孩子看待，他们希望父母能站在自己的立场与自己进行平等的对话，这样，会让他们觉得父母是尊重他们的。在他们幼小的心灵里，有一种得到大人认可的渴望。

1. 蹲下身子与孩子沟通

一般来说，父母总是从大人的视角出发，把孩子应该做的事情想得理所当然，所以才会觉得孩子不听话；而事实上，我们很少会考虑在孩子的视角上，我们的要求往往不可理喻。父母要想解决这些问题，其实有一个绝妙的办法——蹲下来。

海滩上，一位女士看到一个小男孩在全神贯注地堆沙子。他一会儿对着沙子说话，一会儿拍手哈哈笑。女士很好奇地走了过去，想看看那堆沙子有什么有趣之处。小男孩看到有人走过来，连忙高兴地跑过来拉着女士的手说："阿姨，你看，这是我建造的，好不好？"

做心平气和的父母

女士仔细地看了看,可她除了看到一个又一个大小不一的沙堆,什么也没看出来。她很不好意思地说:"你能告诉阿姨你建造的是什么吗?"

小男孩拉着她蹲了下来:"你看,这里是高山,这里是隧道,这里是长城,这里是我居住的城市,这里是爷爷家,这里是爷爷家门前的小河,河里有很多很多的小虾……"

随着孩子绘声绘色地解说,蹲下来的女士仿佛真的看到了孩子眼中的美丽山川,以及河里快乐游动的小虾。

蹲下来,保持和孩子同样的视野,你才能看到他所看到的画面。孩子的世界和成人的世界隔着时间的距离,也隔着空间的距离。我们要穿越那几十年,回到儿童时代,也要压缩那几十厘米的高度,和孩子观看同样的世界。当你蹲下来,无疑是实现父母与孩子平等的最简单有效的方法。

蹲下来,以孩子的视角去感受孩子的世界,以平等的态度和眼光给孩子

多一份理解和尊重。只有这样，才能在孩子和父母之间架起沟通的桥梁，父母才能够更真实地了解孩子，理解孩子；孩子才能看到父母眼中传递出来的关爱、真诚和平等，从而理解父母的良苦用心。

2. 放弃用命令的语气与孩子说话

英国著名教育家、哲学家赫伯特·斯宾塞说："对孩子要少下命令，命令只有在其他方式不适用或失败时才用。所以父母无论要求孩子做什么事情，一定要注意用商量的口吻，而不要用命令的口吻。父母与孩子沟通应该是商量，而不是命令。"孩子是一个独立的个体，有自己的想法，也有强烈的自尊。他们希望父母能够平等地对待自己，不愿听到父母命令自己的口气，更不喜欢父母强迫自己的行为。所以，家长应了解孩子的这种心理，改变居高临下的教育方式，用平等、友善的态度与孩子交流，在语言上要变命令式口吻为商量式口吻。

在很多人眼里，董惠是一个十分听话懂事的女孩。这是因为她的父母教育有方，遇事爱与她商量的结果。虽然董惠只是一名初中生，但父母总是乐于听取她的意见，凡事与她商量后才做决定。有一次，董惠的姥姥生病了，妈妈想去照顾姥姥一段时间，又怕自己不在家他们父女不能很好地生活，就与董惠商量这件事情。董惠知道妈妈一走，自己吃饭就要降低档次了，因为爸爸只会做一些简单的饭菜。但想到姥姥需要人照顾，她就同意了，妈妈这才放心地走了。

董惠的父母就是这样，很多事情都与她商量，因此避免了很多不必要的矛盾，少了很多隔阂。董惠在父母的尊重与信任下，也变得更加通情达理，成了人见人夸的懂事女孩。

事实证明，父母要求孩子做某事时，若改命令式口吻为商量式口吻，效果就会大不相同。命令是不平等的，而商量体现了父母与孩子之间是平等关系。在平等的前提下，孩子更容易与父母建立良好的亲子关系，更容易接受父母的要求和教导。

3. 站在孩子的角度考虑问题

大多数家长是用教育者的身份来对待孩子，通常他们站在教育者的角度思考问题，却没有站在与孩子平等的位置上与之相处，这样会不利于孩子健康成长。

王丽萍的女儿小艳放学回家后，抱怨老师当着全班同学的面向她大声斥责。王丽萍听后叉着腰，用质问的口吻说："你干什么坏事了？"

小艳瞪大眼睛，很生气地说："我什么也没干！"

"不会吧？老师不会无缘无故地斥责学生。"王丽萍说。小艳重重地坐在椅子上，一副不开心的样子盯着妈妈。

王丽萍继续责问："那你打算怎样解决这个问题呢？"

小艳很倔强地说："什么也不做。"

如果再这样问下去，母女之间一定会吵起来，什么问题也解决不了。此时，王丽萍改变了态度，她站在女儿的角度，以一种友好的语调说："我觉得你当时肯定很尴尬，因为老师在全班同学面前斥责你。"

小艳有些诧异地抬头看了妈妈一眼，王丽萍接着说："我记得我上四年级时，同样的事发生在我身上，其实我只是在算术考试时站起来借了一支铅笔，老师就让我难堪，我感到十分尴尬，也很气愤。"

小艳露出轻松的样子，很感兴趣地问："真的？我也只是在上课时要借一支铅笔，因为我没有足够的铅笔，我真的觉得为这么简单的事老师批评我，不公平。"

"是这样。但你能不能想出办法，今后可以避免这种尴尬的局面呢？"

"我可以多准备一支铅笔，这样就不用打断老师讲课而向别人去借了。"

"这个主意不错。"

生活中，有些父母抱怨无法和孩子进行有效的沟通，其实主要原因是父母没有学会换位思考，不能站在孩子的角度看待问题。所以家长应该学会换位思考的方法和技巧，当孩子遇到问题时，能够迅速站在孩子的位置和角度来看待问题，分析问题，才能有效地解决问题。

第二章

不恼不怒，掌握与孩子沟通的技巧

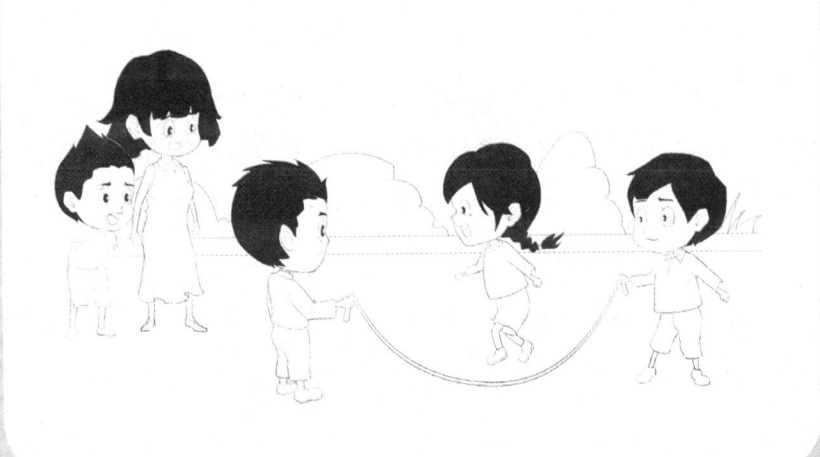

做心平气和的父母

教育孩子前，先控制好自己的情绪

❶ 孩子不是出气筒

父母是孩子出生后最先接触的人，对孩子的影响是一辈子的。父母控制自己情绪的样子，就是孩子日后控制情绪的方式。

孩子的不良情绪其实与父母的影响是密不可分的。家长的言行举止在无形中影响孩子的成长，孩子会以父母为榜样，并会在他们的学习和生活中做出与父母相似的行为。一些父母的脾气比较暴躁，对待孩子也不能克制，动不动就对孩子大吼大叫，大加责骂。在这种环境下，孩子耳濡目染，自然会变得缺乏耐心、浮躁、脾气暴躁。长此以往，缺乏家长的正确引导，孩子就很难拥有良好的自控能力，最后把随时随地发脾气变为一种常态，且不能轻易地改正。

8岁的小悦弹琴时表现出极大的随意性，老师讲过的正确指法、手型和要求在她的脑子里没有留下丝毫的印迹，仿佛从来没有学过。妈妈看在眼里，急在心上，一遍又一遍地提醒并亲自示范，可小悦摆出了一副不合作的态度，在琴凳上扭来扭去，一会儿喝水，一会儿上厕所，没过两分钟又嚷嚷着累了要休息。

内心的怒气终于冲破了忍耐的底线，妈妈一巴掌挥上去，小悦的手背顿时就红了——说服教育升级为武力惩罚。

这种情况是家教中的普遍现象，家长教育孩子时常犯情绪化的错误，不能理智地、耐心地教育孩子。有时孩子甚至无过错，或者问题微不足道，家长却把生活、工作、学习中积聚的情绪，无端地发泄在孩子身上，迁怒于孩子，孩子成为家长的出气筒，这对孩子的伤害更大。

控制好自己的情绪

情绪在亲子关系中扮演着重要的角色。父母的不良情绪会传染给孩子，不但不解决问题，反而会激化矛盾，使家庭关系紧张，不利于孩子心理健康成长。父母的良好情绪状态有利于建立良好的亲子关系，使父母对孩子的教育更为顺利。所以，想教育好孩子，改变孩子的不良行为，父母首先要调整自己的负面情绪。

有一个小男孩兴奋地跑进厨房，称要告诉妈妈一个故事。他非常激动，大声地叙述故事里的金字塔、骆驼及蛇。妈妈想要更了解这个故事，要求小男孩把故事里的主角画出来。妈妈走出厨房去拿纸。当她回来的时候，发现小男孩的手里早已拿着一支蜡笔，故事里的主角们正装饰着厨柜，还有一只恐龙在洗碗机的门上张牙舞爪。

看到这种场景妈妈有点震惊，但她犹疑了一下——该不该骂他呢？她知道厨房是一定要清理的，责骂也无济于事。于是她放下纸，拿起一把小椅子，坐在小男孩身旁，耐心地对他说："孩子，画画一定要画在纸上，不要在屋子里的任何地方乱花，否则，妈妈还要清理，多辛苦啊……"小男孩点了点头，显然，他觉得妈妈说的话是对的，他应该听妈妈的话。

做心平气和的父母

在教育孩子时，父母一定要控制好自己的情绪，只有把精力用在控制自己的情绪和行为上，我们才有能力教育好孩子。当情绪不好的时候，父母最好想办法先冷静下来，不要跟孩子面对面，因为心情不好的时候，父母很容易对孩子乱发脾气。

2. 不要对孩子大吼大叫

在现实生活中，我们常常看到这样一种父母：对于教育孩子，父母基本是束手无策，他们控制不住自己的情绪，怒火中烧，常用大吼大叫来表达愤怒。其实，这种教育方式并不能产生立竿见影的效果，声调和结果往往成反比，教育不是情绪发泄，大嗓门不能解决任何问题；相反，这会让孩子觉得父母没有修养和自己不被尊重。另外，对孩子大吼大叫，孩子并不能学会有益的知识。相反，一旦他习惯了父母的这种教育方式，就会将他们的话当作耳边风，慢慢地就会变成，父母的批评或表扬他都听不进去。如果父母孩子都发脾气，批评很有可能会升级为哭闹和打骂，那样只会毁掉你努力管教孩子的成果。

一个孩子因学习、做事经常不符合父母苛刻的标准而受到父母的斥骂或埋怨，终于有一天，孩子再也憋不住了，提笔给父母写了如下的信："憋了很久，泪水终于还是忍不住落了下来。你们问我生什么气，不，我没有生气，你们这么疼我，我还有资格生气吗？我是伤心，为什么每次都要弄到两败俱伤的地步，你们才肯罢休。妈妈好多次只是因为我考试成绩不好，或是家务做得不标准，就会招来一顿骂，或是一阵阵怨天怨地。但我心里最渴望的是你们的肯定与鼓励，难道你们没有看到我在试着做得更好吗？"

大吼大叫，不是教育孩子最好的方式。在教育孩子的时候，家长千万不要图一时之快。要知道，大吼大叫是无法解决问题的。当然，做父母的难免会偶尔有一次情绪失控，不过一定要注意，等气消了，要找孩子好好地聊聊，语调尽量温和，既有利于真正解决问题，又有利于消除孩子心里的恐惧感。所以，别把"大吼大叫"当成一种教育理念，这是毫无作用的。唯有不吼不叫地教育孩子，才是一种教育智慧，一种教育艺术，一种人性化的教育理念。

3. 不要把坏情绪带回家

父母应学会调整自己的心态及情绪，一定不要把家庭以外的不良情绪带入家庭中，应努力将遇到的麻烦妥善地解决。要明白向家人及孩子倾诉没有任何意义，反而会影响大家的情绪。

> 有一位母亲下班回到家后，一脸怒气，因为她在单位受到了领导的批评。此刻正躺在床上闹心呢！可她的女儿不知道妈妈不开心，仍像往常一样拉着妈妈的手，眉飞色舞地说着在学校里发生的一些趣情。
>
> "妈妈，我告诉你一件特别有意思的事情。我同桌今天上课吃东西，还拿课本挡住了嘴巴，可是，他没有逃过老师的'法眼'，被抓个正着……"女儿在妈妈面前手舞足蹈地说着。
>
> "哦？是吗？"妈妈在一旁没精打采地回答道。
>
> "对呀。你猜他是怎么被老师发现的？"女儿扯着妈妈的手，故意卖关子。

生活中的确有苦恼，但我们不能把苦恼全部转移到家人的身上。当你工作了一天，打开家门的时候，就应该把工作中的不快乐拒之门外，带一份好心情回家。如果下班后还没有调整好心情，就先别急着回家，不妨在周围散散步，到热闹或清静的地方转一会儿，或者静思一下，听一段音乐，等心情平和了再回家。

做心平气和的父母

学会倾听，孩子会更爱你

1 对孩子要先倾听再教育

在成年人的世界里，有一种特别受大家欢迎的人，他们在听对方谈话时，无论对方的地位怎样，总是细心、耐心、专注地倾听，说者自然也就感觉畅快淋漓，受到重视。同样的道理，如果你想让孩子喜欢上你，你就要具备主动倾听的意识。

美国教育家卡尔·威特说过："我在教育卡尔的过程中，渐渐掌握了一些与孩子沟通的经验，其中之一我称为'倾听的艺术'。"人的思想往往需要通过语言表达出来，如果你不愿意倾听孩子的心声，你怎么可能全面地了解孩子呢，不了解孩子，与孩子沟通时就会更显得费劲。所以，只有用心倾听孩子的心声，才能捕捉到有效信息，找准教育的切入点。

倾听，是家长对孩子的一种态度。倾听是尊重孩子、接纳孩子。对孩子来说，随时有人倾听自己、关注自己，是一种最大心理上的支持；把自己心中的烦恼表达出来并且确知不会得到嘲笑，更是对问题的一种再认识和静化。孩子心中的烦恼就像一场暴雨后的水库，父母的倾听就像打开了一道闸门，让孩子心中的洪水缓缓流进父母那宽阔的胸膛。

心理学家认为，处于成长期的儿童，明辨是非的能力虽不是很强，但也有他们独特的思维方式。主动倾听孩子倾诉，父母不仅可以走进孩子的心灵，而且能帮助孩子提高认识问题的能力。

一位母亲最近声带发炎，疼得要命，医生嘱咐她一周内不要讲话，这可憋坏了平时爱说话的她。但是，母亲发现，这段时间，自己跟儿子的关系奇迹般地融洽起来。

看过医生的当天，儿子回家一进门便说："妈妈，我再也不想去幼儿园了，老师笑话我！"

如果平时听到儿子这么说，母亲肯定先怪罪孩子调皮，声音会抬高几个分贝。但是由于不能说话，她只好忍住了，什么都没说。气呼呼的儿子来到母亲的身边，伤心地哭了起来："妈妈，今天老师让我们装玩具，我把小马的耳朵给小驴安上了，老师就笑话我，小朋友们也都笑我。"

母亲仍然没有说话，而是把伤心的儿子搂在怀里。儿子沉默了几分钟，从母亲的怀里站了起来，平静地说："妈妈，我去玩了，我没事了。"然后就高高兴兴地去玩了。

这次声带发炎，无意中让这位母亲体会到了倾听对于和谐亲子关系的奇妙功用。

学会倾听是了解孩子、知道孩子的真实想法的最好方式，父母抽出时间与孩子交谈，倾听孩子的心声，让孩子感受到诚意，孩子才会对父母袒露内心世界。

❷ 想做好父母，先做好听众

教育家周弘说过："要想和孩子沟通，就必须学会倾听。倾听是与孩子有效沟通的前提。不会或者不知道倾听，就会不知道孩子究竟在想什么，连孩子想什么都不知道，何谈沟通？"可见，倾听是做好亲子沟通的第一步。

很多时候，孩子有强烈的向父母表达内心情感的渴求，此时孩子所追求

做心平气和的父母

的并不是来自父母的指导、教诲，更不愿意听到来自父母的训斥、讥讽，而是需要有人倾听他们诉说，有人理解他们内心的感觉，所以，此时父母应采取的最好的方式就是倾听，而且是反应式的倾听，即给予孩子及时的安抚和理解。如果做好这点，孩子一定会急切地渴望与你沟通，渴望让你分享他们内心的喜怒哀乐，并乐于接受你的引导。

1. 用心倾听孩子的心声

想要做好父母，必须先学会做一个好听众。而一个好听众，必须集中注意力专心听讲。因此，父母在和孩子交流时，应放下手头正在做的事情，认真听孩子讲话，必要的时候给孩子一些肢体语言，让孩子知道自己在仔细听，这样孩子才会放下戒心，把心中的疑虑、烦恼都讲出来。

在《清华男孩章启轩》一书中，章启轩的母亲有这样一段描述：

> 有一件事我印象特别深。那几天儿子很兴奋，因为学校里正筹备艺术节。儿子是一个外向的孩子，每次吃晚饭时都要和我们说很多班里的新鲜事，他说艺术节有一个花展，他们班负责献花，是那种盆花，他向老师报名要献一盆菊花。虽然他说了两次，并一再叮嘱，可我还是忘了去市场买。那天我母亲病了，我一下班急着去看我母亲。我儿子哭了，很伤心。我一再安慰他，并给老师写了信，解释原因，可他还是很伤心。那两天，他在吃晚饭时话都很少。第三天晚上他很认真地对我说："妈妈，下次再有这样的事，您一定要写下来，那样您就不会忘了，就像我记作业那样。"当时他只有9岁，我忽然觉得自己是个失职的母亲。

从那件"菊花事件"之后，我忽然意识到：我和儿子需要进一步的交流，因为孩子能够自己解决的问题毕竟有限，更多的时候他需要家长的支持和帮助。使孩子过度地自立会让孩子误以为我们对他漠不关心，这不仅会影响孩子的学习，更重要的是，会僵化我们两代人之间的交流。

学校里少了一盆花照样美丽，但孩子少献了这一盆花就少了一次得到爱的机会。也许我当时只懂得了"倾听"，还未掌握倾听的艺术，不能选择出需要关注和解决的问题。然而亲子之间的交流应从倾听开始，倾听才是爱的表现。

父母要用爱的耳朵去倾听孩子的心声，才能完整地理解孩子的真实想法。所以，父母倾听孩子讲话时不仅要用耳朵听，还要用心去听，要设身处地地去感受，不但要听懂孩子通过语言、行为表达出来的内容，还要听出孩子在交谈中故意隐瞒的内容。

2. 对孩子的诉说表现出极大的耐心

在孩子诉说的过程中，家长一定要有耐心，不要随意打断孩子，也不要对孩子的想法妄加评论，更不要讲道理。家长只有心平气和，孩子才不会抵触，才会把自己的真实想法说出来。

一位母亲问她 5 岁的儿子："倘若妈妈和你一起出去玩，我们渴了，可是没带水，而你的小书包里正好有两个苹果，你会怎么做呢？"

儿子歪着脑袋想了一会儿，说："我会把两个苹果都咬一口。"

听到这里，可想而知那位母亲有多么地失望。她本想像别的父母一样，对孩子训斥一番，然后再教孩子该怎样做，可突然在即将脱口而出的那一刻，她改变了主意。

母亲摸摸儿子的小脸蛋，温柔地问道："能告诉妈妈，你为什么要这样做吗？"

儿子眨眨眼睛，一脸的童真："因为……因为我想把最甜的一个给妈妈！"

047

做心平气和的父母

那一瞬间，感动的泪花在母亲的眼里闪动着。

我们都为那位母亲感到庆幸，因为她对儿子的宽容和信任，使她感受到了儿子的爱。我们也为这个孩子感到庆幸，他纯真且善良的流露，是因为母亲给了他把话说完的机会。

在倾听孩子诉说的过程中，家长要有耐心，哪怕是刚开始听到很不满的情况，或孩子是错的，也要让孩子说完，这样才能对事情的原委做出正确的判断和评价。话只听半截，很可能会曲解孩子的真实想法和做法。所以，只有学会倾听和认同孩子的感受，让孩子有诉说的机会，父母才能更多地了解孩子，并对孩子不正确的思想和做法及时进行纠正与引导。

3. 给孩子一个申辩的机会

在教育孩子的过程中，孩子可能会对自己的言行进行辩解，父母应给予孩子申辩的机会。应该明白，申辩并非强词夺理，而是让孩子把事情讲清楚、讲明白。有一位心理学家说过："父母和子女发生矛盾，在所难免。作为长者，应该让孩子把意见申述完，要耐心地倾听，如果不等孩子把话说完，父母就主观臆断地下结论，必然会带来一系列的消极后果，其中，孩子的逆反心理将会表现得十分强烈。"家长不允许孩子发表自己的意见，也不调查问题的来龙去脉，而是一味地大发脾气，这样的教育是难以达到预期的效果的。所以我们要去真正地了解孩子，尊重和倾听孩子的意见。

有一个小男孩，刚从奶奶家回到父母身边，有一天，母亲炒了一盘鸡蛋，端到餐桌上，接着进厨房继续炒别的菜，等母亲再次来到餐桌旁时，小男孩已把鸡蛋吃得精光。

但母亲并未责骂他，只是对他说："家长都还没有吃，你怎么可以一个人把鸡蛋吃光了呢？"

小男孩不吭声，却在一旁悄悄掉眼泪。

母亲问："你这孩子怎么这样，我又没训斥你，你还哭？"

经母亲仔细询问才知道，他在奶奶家时，吃得越多，奶奶越高兴，多吃点儿奶奶还表扬他呢，从没有告诉过他，别人没吃的时候，自己不能都吃完。

于是，母亲耐心地向小男孩解释了其中的原因和道理，小男孩从此便知道了做事还要为他人着想。

只有让孩子把话说出来，父母才能了解事情的真相。否则，轻易给孩子下结论，只会误解孩子，让孩子受委屈。所以，父母要尊重孩子，使孩子能为自己的所作所为有进行解释与申辩的权利。毕竟孩子还小，他们有其特别的想法与思想，不能完全按照成人的方式去对待。只有孩子说出自己的真实想法或意图，才能更有针对性和目的性地帮助他们解决实际问题。所以，家长既要倾听孩子诉说原委，也要倾听孩子的辩解和反驳。

做心平气和的父母

给孩子说话的机会，多听听孩子的想法

❶ 当孩子要"狡辩"时，先听他说完

在家庭教育过程中，有的父母喜欢俯首帖耳"听话"的孩子，父母怎么讲，孩子就怎么做。一旦发现孩子做错了，就会不分青红皂白地训斥、打骂孩子，不允许孩子申辩。这样不但不能使孩子心服口服，还会使孩子滋长一种抵触情绪，不利于孩子的自我发展。

小张的女儿长得特别漂亮，上小学五年级，还是班干部。一天，小张帮女儿整理书包时，发现铅笔盒里有张纸条，上面写着"明天，我们老地方见——小明"。看到纸条，小张几乎要晕过去，难道女儿早恋了？小张立刻把正在吃饭的女儿叫进房间，指着女儿就破口大骂。女儿好几次想开口申辩都被小张压回去了。最后干脆呆呆地站在一旁任由小张骂。小张以为女儿不出声就是默许了自己的行为。越想越气，一巴掌打在了女儿的脸上。

女儿哭着跑出了家门。这时家里电话响了，是那个叫小明的男生打来的。小张把那个男生痛骂了一顿后挂断了电话。没过一会儿，门铃响了，是女儿的班主任和小明。原来，班里有个女生的爸爸去世得早，最近她妈妈生病需要人照顾，所以这个女生就不能去

上学了。女儿和小明主动承担起给这个女生补课的任务。那张纸条上写的老地方就是这个女生的家里。

小张知道自己误解了女儿，十分懊悔，立刻冲出家门去找女儿了。

在现实生活中，这种情况经常发生，父母总是单凭自己的主观臆断，对孩子的行为做出一些不中肯的评价和指责，当孩子想要申辩和解释的时候，父母通常会更加生气，认为孩子是在狡辩。其实，我们应该多给孩子辩解的机会。即使孩子做了错事，也不要在不明真相的情况下就使用作为父母的强权。

❷ 当孩子犯错时，请给他一个申述的机会

有一位父亲对儿子说："关掉电视，出去玩。"

儿子大声说："我有看电视的自由！"

听到儿子跟自己顶嘴，父亲非常恼火："我说不许看就不许看，明天你要上学，早上还要早起。不错，你是有自由，不过，我也有管教你的义务。"

"你要打我吗？"儿子从父亲的语气中感受到了"杀气"，"打我触犯未成年保护法！"

"犯法？！"父亲再也忍不住，把儿子从沙发上拖起来，在他屁股上打了几巴掌。孩子大哭起来，跑到床上仍在啜泣。

在儿子的床旁，父亲不禁沉思："难道是因为我生养了他，就无法容忍他争辩吗？只是因为他的争辩和不服从，只是因为自己家长权威的丧失，我就打了孩子。"

第二天，送儿子去学校的路上，父亲为昨天的以"权"压人向

儿子道歉。没想到儿子又是争辩的态度："你是爸爸，你不用向我道歉。"

"不对，"父亲严肃地说，"无论是谁，只要做错事，就应该道歉。"

"那我也应该向你道歉。我不应该用那种语气和您说话。"儿子说。

一路上，他们都在为谁该向谁道歉而争辩着。看得出，儿子正在努力说服父亲接受他的意见。当父亲对儿子的论点表示肯定时，儿子开心地笑了起来。进校门时，儿子主动揽住父亲的脖子，在父亲的脸上亲了一下。

每个孩子都有自己的想法，父母要允许孩子对自己不喜欢或者不符合自己意愿的事情进行"反抗"，鼓励孩子勇于发表自己的看法，并鼓励孩子提问题，敢于争论，甚至向父母要提出质疑和挑战。这种做法，能够在很大程度上提高孩子的自信心，有利于发展孩子的思维能力与社交能力。父母要给孩子营造民主和谐的家庭氛围，因为只有在这样的家庭环境中，孩子才会有活跃的思维，敢于发表自己的意见。因此，父母要给孩子表达的机会，特别是当孩子犯错时。

1. 给孩子一个表达的机会

玲玲是一个人见人爱的女孩，她有一个幸福的家庭。爸爸是个生意人，每天工作繁忙，照顾女儿的责任主要落在妈妈的身上。妈妈是个细心的人，每天玲玲放学回来，吃完饭，写完作业，母女俩会有雷打不动的一小时谈话时间。这是从小养成的习惯。

在这一小时里，玲玲告诉妈妈学校里的各种事情，如老师的脾气个性，同学的趣事，学校的活动，学习上的喜悦和烦恼，还有自己心里的各种情绪体验等，在这个过程中，妈妈主要做一个忠实的听众，与玲玲一起感受和经历。

若是玲玲有什么问题想找到解决的办法，妈妈也不会立刻说应该怎么办，而是与玲玲一起讨论、商量，引导玲玲自己想出办法。这每天宝贵的一小时，从玲玲上幼儿园到中学，从不间断，伴随着她度过了宝贵的成长阶段，也建立了和谐的亲子关系。

很多家长总想多了解孩子，那么不妨给孩子一个表达的机会，鼓励孩子说出内心的真实想法。不要等孩子主动告诉你们什么，而是要主动去找孩子，问问孩子在想什么。每天抽出一段时间，放下手中的事，常和孩子聊聊天。如此，家长就会走进孩子的世界，了解孩子。

2. 让孩子把话说完

沐沐妈妈在和女儿的一次闲聊中，问沐沐："沐沐，你长大后想做什么呀？"

沐沐歪着小脑袋想了好一会儿，然后低着头告诉妈妈："妈妈，我想做小偷。"

沐沐妈妈有些惊讶，但更多的是气愤。妈妈刚想训斥沐沐，但看她低着头的样子，突然强烈地想知道她产生这种想法的原因。于是，妈妈控制住自己的怒气，语气温和地问沐沐："沐沐，能告诉妈妈你为什么想做小偷吗？"

沐沐有点不好意思了，她结巴着说："我，我想偷一缕阳光送给冬天，让妈妈不受冻疮的痛苦；我想偷一片光明给盲人，让他们感受世界的五彩缤纷……"她越说越流利，越说越激动，妈妈的眼里也含着泪光，情不自禁地为女儿鼓起掌来……

后来，沐沐妈妈跟别人说起这件事时，仍然很激动："当时我真的很庆幸自己多问了一个为什么，庆幸自己倾听了孩子的心声，否则我不仅错过了诗一般美的语言，更可怕的是，我可能会伤害孩子善良而纯真的心灵。"

孩子的心是纯真的，孩子的眼睛是纯洁透彻的，他们用自己独特的思维方式体验成长。很多时候，只要父母亲切、平和、耐心地倾听孩子的内心想法，不急于判断，那么父母一定也能听到孩子最善良、最纯真的心语。如果遇到事情家长就给他们当头棒喝，不问青红皂白地责备，只能让你和孩子的沟通戛然而止。久而久之，孩子不再愿意与你谈心，问题孩子也就出现了。

3. 给孩子表达意见的权利

有的父母认为小孩子什么都不懂，凡事不让他们掺和，由父母双方或一方下结论、做决定就可以了，还有的父母觉得辛辛苦苦赚钱养孩子，孩子就应该听自己的，必须服从自己。因而就剥夺了孩子说话的权利。其实，心理学研究证明：父母给孩子表达自己意见的机会，孩子才能对父母讲心里话，这样父母才能更多地了解孩子，从而有的放矢地对孩子进行教育。而且，畅所欲言能激发起子女独立思考的积极性，促使他们思维能力的正常发展，还能使他们的不良情绪得到宣泄，有利于培养他们的良好个性。

媛媛是一个活泼可爱的女孩，由于她的父母经营着一家公司，而且效益不错，因而她的物质生活可以说应有尽有，但是从小到大她都感到很苦恼、很压抑。

为什么呢？原来是因为她从小到大都没有自己独立自主的机会，她的一切都是由父母为她安排好的，甚至连每天穿什么衣服她都没有决定权。而且她的父母在她面前总是板着面孔，摆出一副什么都懂、绝对权威、至高无上的样子，从来不与她谈心，家里的一切事情也从不对她讲。有时，她向父母询问公司的一些事情，父母总是一挥手:"小孩子家,管这么多干什么,好好学习就是了。"每当这时,她就觉得父母不尊重她,对她不平等。时间长了,她在父母面前自知没什么好讲的,就只好保持沉默,内心的不安、委曲、痛苦等也只好独自承受。

通过上述事例可知,如果孩子的事都是由父母说了算,孩子的意见不被父母尊重,从小就失去了自主权,孩子就会产生一种被父母压制的感觉。长此以往,很可能会导致孩子产生心理疾病。所以,父母要认识到孩子是一个独立的个体,有自己的权利,有自己的尊严,无论是说话还是做事,都要听听孩子的意见,要把孩子当作朋友一样平等地去对待,不要让父母的身份拉远了与孩子的距离,把孩子当作家庭的附属品。

做心平气和的父母

孩子的进步从赏识开始

❶ 对孩子多一些唤醒、激励和鼓舞

孩子不断进步，原因是多方面的，但有一点是肯定的，即家庭教育的作用，而其中来自家长对孩子的赞美则是一把挖潜启智、培养孩子正常发展、快速成长的金钥匙。

美国著名心理学家威廉·詹姆斯说："人类本性上最深的企图之一是期望被赞美、钦佩、尊重。"人都是喜欢受到赞美的，孩子也不例外。

我国教育家陶行知先生说过："教育孩子的全部秘密在于相信孩子和解放孩子。相信孩子、解放孩子，首先要赏识孩子。"所有孩子心灵深处都渴望得到别人的赏识。赏识孩子，就要不断地发掘孩子的优点，不断给孩子鼓励，从而逐步培养孩子的自信心，让他们相信自己的能力。

有一个女同学，其貌不扬，自认为班里的好孩子很多，而自己是一个另类。教过她的老师都说她的脑子笨，脑壳里面不是人脑，是豆腐，她对此深信不疑。

她特别害怕数学，无论怎么认真听，都不知所云。数学老师经常说她上课不注意听讲……

同时，班里的女同学都不和她玩，她感到很伤心。慢慢地，她就习惯了，后来她混到了男孩子堆里，和他们一起玩耍、踢足球、在楼后面捉老鼠……

暑假过后，来了一个新老师，正好教他们班数学课。因为是新老师，大家都觉得新鲜。不久，新老师注意到了她，说她的足球踢得不错，还说她的动手能力很强，她被感动得悄悄地哭了……

她牢牢地抓住了这一信息。

有了新老师的赏识，她下决心要赢得老师更多的赏识，但是她的进步比较慢，令别人觉察不出来，可她自己一直在偷偷地努力。

新年的时候，她意外地收到了数学老师送给她的一个厚厚的笔记本。在这个笔记本上，数学老师写下了一句使她深受感动的话：你是一个可爱的孩子，我感觉到了，你一直很努力——这是我爱你的理由。

她在老师的赏识下，经过一年的努力，终于赶上了全班同学，后来，"后来居上"的她考进了一所全国著名的大学，这让班上很多同学大吃一惊。

故事中的女孩为什么取得了如此大的进步？其实道理很简单，因为这个女孩遇到了一位善解人意的老师，给了她一个意外的惊喜，给了她上进的动力，所以她能够后来居上，取得了令人惊奇的成绩。

德国著名教育家第多斯惠说："教育的本质不在于传授知识的过程，而在于唤醒、激励和鼓舞。"上面的故事正验证了这句话。那么，父母为什么不将这种技巧用到孩子的身上呢？你给孩子一个赏识，孩子也会给你一个惊喜。

做心平气和的父母

2 只要孩子比昨天有进步就值得称赞

曾有这样一个感人至深的故事，讲的是一位母亲参加三次家长会后对孩子的教育：

一位母亲第一次参加儿子的家长会，幼儿园的老师对这位母亲说："你的儿子有多动症，在板凳上三分钟都坐不住。"回家的路上，儿子问妈妈，老师都说了些什么？妈妈鼻子一酸，差点儿掉下眼泪来。她告诉儿子："老师表扬你了，说宝宝原来在板凳上坐不到一分钟，现在能坐三分钟了。别的家长都羡慕妈妈，因为全班只有宝宝进步了。"那天晚上，她的儿子破天荒地吃了两碗饭，而且没让母亲喂。

在第二次家长会上，老师说："全班50名学生，你儿子排在第49名，我们怀疑他智力上有些障碍，你最好能带他到医院查一查。"回去的路上，母亲流下了眼泪。回到家，看到儿子惶恐的眼神，她又振作精神说："老师对你充满信心，你并不是一个笨孩子，只要再细心点，一定会超过你的同桌。"说这些话的时候，她发现儿子眼睛里的光亮，皱紧的眉头也一下子舒展开了。第二天上学，儿子比平时都要早。

第三次是初中毕业家长会，老师没有在差生的名单里提到她的儿子，到家长会结束也没有提到她儿子的名字，她有点不习惯，临别，去问老师，老师告诉她："按你儿子现在的成绩，考重点高中有点危险。"母亲心里有一种说不出的甜蜜，她告诉儿子："班主任对你非常满意，他说只要你努力，很有希望考上重点高中。"

高中毕业了，当她儿子从学校回来，把一份清华大学录取通知书交到她的手里后，突然跑到自己的房间里大哭起来，边哭边说：

"妈妈，我一直都知道我不是个聪明的孩子，是您……"她再也按捺不住十几年来凝聚在心中的泪水，任它打在手中的信封上。这是一位伟大的母亲，她用赏识教育代替惩罚教育，她成功了。

赏识对于成长中的孩子来说是至关重要的，孩子从父母欣赏的眼光、赞赏的话语、满意的点头、会意的微笑、热烈的掌声中得到肯定，赏识可以发现孩子的优点和长处，激发孩子的内在动力，增强孩子的自信心。

有一位学者曾经呼吁：哪怕天下所有的人都看不起您的孩子，做父母的都应眼含热泪地欣赏他、拥抱他、赞美他。请多赞美孩子的好行为，只要他比昨天进步，虽然尚未达到你心中的标准，也请你先称赞他；之后你会发现：孩子会更努力地去取悦你，最后把长处完全展现出来。

1. 赏识孩子一定要发自内心

发自内心地赏识是最好的教育。每一个孩子都是有优点的，只要父母真正地从内心赏识孩子，每一个孩子都是值得父母自豪的。

> 爱因斯坦小时候并不是一个天资聪颖的孩子。已满 4 岁的爱因斯坦还不会说话，很多人怀疑他是个"低能儿"。但是，担任电机工程师的父亲对小爱因斯坦非常有信心。他为小爱因斯坦买来积木，教他搭房子。小爱因斯坦每搭一层，父亲便表扬和鼓励他一次。上学后，爱因斯坦仍然显得很平庸，老师曾向他的父亲断言："你的儿子将一事无成。"大家的讽刺和讥笑，让爱因斯坦十分灰心丧气，他甚至不愿去学校，害怕见到老师和同学。但是父亲鼓励他："别人会做的，你虽然做得一般，却并不比他们差多少，但是你会做的事情，他们却一点都不会做。你表现得没有他们好，是因为你的思维和他们不一样，我相信你一定会在某一方面比任何人都做得好。"父亲的鼓励使爱因斯坦振作起来。

做心平气和的父母

爱因斯坦的母亲贤惠能干，文化修养极高，她对小爱因斯坦也百般鼓励。有一次，母亲带他到郊外游玩，别的孩子，有的游泳，有的爬山，玩得不亦乐乎，只有小爱因斯坦一个人默默地坐在河边，静静地凝视着湖面。当亲友们对爱因斯坦母亲问道："您的孩子为什么总是一个人对着湖面发呆？是不是神经有问题？还是趁早带他去医院看看吧。"她十分自信地对他们讲："我的小爱因斯坦没有任何问题，你们不了解，他不是在发呆，而是在沉思。他将来一定是个了不起的人。"

后来，爱因斯坦成为现代伟大的物理学家。人们称他为20世纪的哥白尼和牛顿，并于1921年获诺贝尔物理学奖。

由上述事例可知，赏识孩子应该发自内心，从孩子本身出发，不要把孩子与别的孩子盲目的做比较，尤其是不要把自己孩子的短处和别人孩子的长处相比，而应该看到自己孩子的长处，看到自己孩子的进步，让孩子活出属于自己的精彩。

2. 善于发现孩子的闪光点

赏识教育，是对孩子人性的尊重。任何一个孩子，即使他是被认为最顽劣的孩子，也有其闪光点，只是人们没有发现罢了。如果每个父母都能用"放大镜"去寻找孩子身上的每一处哪怕十分微不足道的闪光点，用真爱去打动他们、感化他们，让他们认识到问题的根源，增强信心和勇气，发自内心地感到"我能行"，奋起直追，最终他们也会成为学习和生活的强者。

彭凯是个聪明且调皮的男孩，他经常会出现许多"小问题"，制造许多"麻烦"。

这天，妈妈刚刚回到家，便听到爸爸正在生气地指责彭凯："没收拾好自己的物品，就跑出去玩！说你多少次了，你怎么总是爱摆个烂摊子啊？"

说到气头上，爸爸又开始批评彭凯的其他诸多错误，如粗心、脾气不好、贪吃等。

妈妈看彭凯正满不在乎地嘟着嘴，满脸的不服气和不情愿。为了缓和僵局，妈妈若有所思地说道："彭凯是存在缺点，我想他自己知道那样做不对。每个人都有缺点，但每个人身上也有优点！"

爸爸领会了妈妈的意思，定神后说："是啊，有缺点不要紧，只要改正就好。其实彭凯有许多优点，如爱劳动，喜欢帮助朋友。"

妈妈接着说："还有呢，做事情很认真，也很聪明。"

彭凯本以为妈妈也会批评自己，谁知竟然夸奖自己。他被爸爸妈妈夸得都有些不好意思了。

最后妈妈说："彭凯有这么多优点我们也很骄傲，如果能将自己的缺点改掉变成优点，那么彭凯会是个了不起的人，大家会对你刮目相看的。"

听了妈妈的话，彭凯轻轻地点点头，仿佛若有所思。

从此以后，彭凯的很多"毛病"果然都改掉了。

其实，每个孩子身上都有优点，当父母为孩子的缺点而烦恼时，不妨静下心来，从头到尾认真回想一下孩子身上不会令你烦恼的地方，你总会发现孩子身上的可爱之处。或许孩子的一个小动作，或许一个微笑，都可能打动你的心。父母不能只盯着孩子的学习成绩一方面看。孩子的性格、孩子的文明礼貌、孩子的文体才能、孩子的动手能力、孩子的卫生习惯等，都是评价孩子的因素。父母考虑的面宽了，就不难找到孩子值得表扬的内容。只要父母愿意以一双爱的眼睛去欣赏孩子，每一个孩子都是值得父母骄傲的。

3. 引导孩子正确评价自己

生活中，父母要帮助孩子发现他的长处，肯定他的成绩，并且让优点进

做心平气和的父母

一步放大。因为一个人只有客观地评价自己和他人，与他们进行正确的社会比较，才有助于激励和肯定自己。

今年读初二的周敏，自小体弱多病，所以体育成绩比较差，但文化课成绩在班里一直名列前茅。一次上体育课，老师要求同学们沿着操场跑两圈，当所有的同学都跑完两圈时，周敏只跑完了一圈，在老师要准备下面的活动时，所有的同学都站在原地等待周敏。

此时的周敏见几十双眼睛盯着自己，虽然老师和同学们没有说什么，但她感觉到同学们对自己的轻视和嘲笑，心里十分难过，含着眼泪跑完了剩下的一圈。

放学回家后，周敏的心情还没调整好，妈妈了解了事情的经过后，对周敏说："孩子，你的学习成绩在班里名列前茅，只是身体太弱了，以后加强锻炼，争取做个全面发展的优等生！"听了妈妈的话，周敏的心情好多了。

俗话说："尺有所短，寸有所长。"每个孩子都有一定的长处，也都有他的短处。父母要引导和教育孩子对自己进行积极、正确、客观的评价，并且认识到任何人都具有自己的长处，也都会有短处或不足。要相信并发挥自己的长处，弥补自己的短处。在生活中，父母要善于发现孩子的优点和点滴的进步，并不时失机地给予肯定和表扬。孩子认为自己有优点，也能取得一定的成绩，会增强取得更大更好成绩的信心。

不要唠叨，做聪明的父母

❶ 刻意练习，改掉爱唠叨的习惯

在家庭教育中，有一种常见的现象，那就是父母对孩子不断地叮嘱，不断地提醒，不断地督促。对一件事情，有时父母会重复几次，特别是母亲，唯恐孩子不明白，不按自己的意思去做，这就是人们常说的"唠叨"。对于大部分孩子来说，他们所不愿听的、反感的，正是父母的唠叨。他们越不愿听，做父母的就越不放心，反而加倍地唠叨起来，这就成了恶性循环。这种把嘴巴紧紧"叮"在孩子身上的情况，在家庭生活中非常普遍。

美国一家知名的教育咨询机构做过一个调查，结果发现90%的学生认为父母一点都不理解自己，因为他们觉得父母平时只知道唠叨，内容千篇一律，没有一句话是能够帮助自己解决所面临的困难的，甚至凭空让自己生出许多烦恼。在这次调查中，孩子便想出应对办法，一是不到最后时限不回家；二是回家就往自己的小屋里钻，将门反锁，用房门来阻断与家长的联系，不跟父母说话。

父母和孩子之间的沟通困难，很大程度上是父母没完没了地唠叨导致的。就像一位多年研究家庭问题的教育专家所说的："唠唠叨叨是母亲教育孩子的主要方式，但并不是最有效、最好的方式。"

做心平气和的父母

妈妈早早地起床,一边收拾房间,一边为小华准备早餐。6:30,牛奶、鸡蛋、面包准时端上桌,这一切整理完毕后,妈妈就开始一遍一遍地叫小华起床。但小华始终没有任何反应,一直到快 7:00 了,小华才懒洋洋地起床,然后胡乱地刷刷牙,抹两把脸。当小华坐到饭桌前用最快的速度吃这顿早餐时,妈妈就开始在他的房间帮他叠被子,收拾凌乱的衣服、物品,嘴里还不停地唠叨着:"看看你,总是把到处都弄得乱七八糟,让人跟在你屁股后面收拾。每天让你起床都得喊破嗓子才动,你看看饭都凉了,总吃凉饭,还这么狼吞虎咽的,胃要坏的,坏了还得带你看医生,天天说都没用。如果你早点起床,就不用这么紧张了,也不会总是迟到挨批评了……"

妈妈还在唠叨,小华对妈妈的话充耳不闻,只顾把吃的、喝的

"着什么急呀,就吃这么几口呀,一上午的课呢,会饿的。哎,上学的东西都带齐了吗?别又落点儿什么,每天都得让人提醒……"

填进肚子，用手背抹抹嘴，抓起妈妈早已经为他放到客厅沙发上的书包，转身就往外走。妈妈追在他的身后喊着："着什么急呀，就吃这么几口呀，一上午的课呢，会饿的。哎，上学的东西都带齐了吗？别又落点儿什么，每天都得让人提醒……"

父母认为孩子不听管教，孩子觉得父母很唠叨，这样无止境的家庭角力经常在生活中上演，那么这会造成什么样的影响呢？

其实，很多父母喜欢唠叨孩子，其本意是对孩子的成长进行督促，但这也是一种变相地施压，利用孩子的弱点和父母的权威对孩子施加无形的压力，其结果往往收效甚微，甚至适得其反，使孩子产生厌烦情绪。如果父母总是喋喋不休地数落孩子的缺点，反反复复地教训孩子，他们会将此视为不信任，甚至产生逆反心理。如果孩子一直生活在这种唠叨的环境里，长大后也很难形成良好的个性。所以，唠叨不但不能达到目的，还会给孩子带来伤害。

❷ 任何家庭教育都消失在家长的唠叨声中

心理专家认为，唠叨就是永远一个标准，一种腔调，在孩子身上翻来覆去地重复那几句话。老调重弹，反反复复说同样的话，会让人产生一种习惯性的模糊听觉，也就是明明在听，却根本不入心。所以，做父母的，不要总是只怪孩子不听话，而是应该静下心来想想，自己是否真的太唠叨了。

家庭教育是一门科学，无休止地唠叨只会增添孩子的反感和逆反心理，父母只有设身处地地为孩子着想，与孩子心平气和地交流，才会成为孩子最喜欢的人。

1. 批评教育要点到为止

父母教育孩子时，话不要多说，说一两遍就够了。语气要坚决，声音要洪亮，点到为止，如果孩子不听，就采取行动，或者后果让他自负。比如，限制孩子看电视，你可以先给孩子约定时间，告诉他，时间到了就不许再看了。"我只说一遍，不然采取行动。"这样，等孩子看了一段时间后，你就过来提醒他：孩子，你看，时间到了。如果孩子自觉关机最好，如果说了没听，家长可以说，刚才我说了，我只说一遍，说了一遍没反应，对不起，我要替你关机了。这样的处理方式比较容易让孩子接受，会形成孩子的自觉性，并锻炼孩子的控制力。

2. 就事论事，不翻旧账

当孩子犯错误时，不少父母总是喜欢翻孩子旧账，陈芝麻烂谷子的事都会翻出来说个没完。每次都是越说越激动，越激动越生气，越生气就会说得越多，说得越多也就越唠叨。其实，孩子在生活中犯一些错是正常的事，犯错误是孩子的权利，孩子就是在不断地改正错误的过程中成长起来的。对于孩子犯的错误，家长应当就事论事，犯的什么错就说什么错，哪次犯的错就说哪次的错，联想太丰富只能让孩子觉得你太烦人、太唠叨。

有一位母亲，她是一位世界上少有的疼爱子女的母亲，但是她有一个容不得儿女还嘴的毛病。儿女一还嘴，她就更生气，训斥得更凶，什么恶毒的话都骂出来了。本来就不很驯服的孩子，经她这么一训斥，更是不服。于是母亲气急了，就翻旧账。"要你好好读书，你不好好读书。小学时我就再三提醒你，训斥你，要你好好读书，你不读。中学时，上课爱说话，听课不认真，现在考试又不及格。除了说话、闲聊、玩，你哪方面事做得好？洗碗打破碗，扫地还要我扫第二遍。玩，玩，你玩死这条命算啦！"

这些旧账，女儿不知听过多少次了，也厌烦透了，因此每次母亲数落完了，女儿不但没有认识到自己的错误，反而更反感："过去的一些事，老拿来讲。"

事实证明，当你劈头盖脸翻旧账时，往往会造成情绪激动，气不打一处来，出现过激的评议和行为，无意中伤害孩子，教育的效果也无从谈起。认错的深刻程度自然也大打折扣。家长在面对孩子的错误时应当就事论事，帮助孩子认识到错误并想方设法地令其改正。

有些父母总是盯着孩子的缺点，翻来覆去地只讲缺点，不提进步。其实，绝大多数孩子已能分辨是非善恶，只是缺少改正缺点的自觉性和毅力。如果父母总是喋喋不休地数落孩子的缺点，反反复复地教训孩子，孩子会认为父母不信任自己，从而反感或厌恶父母，甚至产生逆反心理。

第三章

不打不骂，
教孩子学会做人

责任，让孩子对自己负责

❶ 责任心是一个人立足社会的根基

责任心是一个人立足社会、获得事业成功至关重要的人格品质。一个有强烈责任感的人会勇敢地承担起自己对父母、对他人、对社会的责任，他们会尽最大努力把应该办的事情办好；而一个没有责任感的人会逃避自己的责任和义务，容易随波逐流，无所事事。

所谓责任心，是指个人对自己和他人、对家庭和集体、对国家和社会所负责任的认识、情感和信念，以及与之相应的遵守规范和履行义务的自觉态度。责任心是孩子健全人格的基础，是能力发展的催化剂。在大力提倡素质教育的今天，父母应用自己的爱心、耐心和智慧去培养孩子的责任心。

有一个人到瑞士访问的时候，在一个洗手间，听到隔壁小间里一直有一种奇特的响声。由于响声时间过长，而且过于奇特，因此他在不知不觉中被吸引了，在好奇心的驱使下，他通过小门的缝隙向里探望。这一看使他惊叹不已：小间里一个七八岁的小男孩正在修理马桶的冲刷装置。他一问才知道，这个小男孩上完厕所后，因为冲刷装置出了问题，没能将脏东西冲下去，因此他就一个人蹲在那里，千方百计地想修复好那个冲刷装置，而他的父母当时并不在他的身边。

这件事令这个人非常感慨。多么了不起的孩子啊！虽然他只是一个七八岁的孩子，但竟然有如此强烈的责任心。

责任心是促使孩子向上奋进的内部动力，是孩子赢得成功的催化剂，培养孩子的责任心是孩子成长的必修课。

俗话说："能力不足，责任可补；责任不够，能力无法补；能力有限，责任无限。"孩子不能没有责任感，因为责任感不仅是孩子成长的动力，也是孩子走向成熟的标志，更是孩子将来自立于社会，取得事业成功的基础。作为父母应该抓住每个机会培养孩子的责任心，培养孩子对自己负责任、对家庭负责任、对集体负责任。

一个11岁的美国男孩踢足球时不小心打碎了邻居家的玻璃，邻居家向他索赔12.50美元，这在当时是一笔不小的钱。男孩向父亲认错后，父母让他对自己的过失负责，他为难地说："我没钱赔给他。"父亲从口袋里拿出12.50美元递给他说："这些钱先借你，一年后还我。"从此，这个美国男孩每逢周末、假日便外出辛勤打工，经过半年的努力，他终于挣足了12.50美元并还给了父亲。

这个男孩后来成为美国历史上了不起的人物，他在回忆这件事时说："通过自己的劳动来承担过失，使我懂得了什么叫责任心。"

责任心对孩子的成长来说，是一种特殊的营养，能够帮助孩子们长大。对孩子来说，责任心不是大而空的东西，培养责任心要从对自己负责、对他人负责做起。

❷ 要培养一个敢于承担责任的孩子

责任心是人的综合素质中极其重要的组成部分，它可以促使人去努力完善自我，可以促人奋发向上。一个人只有有责任心，才会对自己负责，对他人负责，对家庭负责，对集体和社会国家负责，做一个有益于人民的人，有益于集体的人，有益于国家的人。孩子年少无知，他们的责任心基础不厚，方向不明，必须依靠家长对其耐心培养教育，使"责任心"牢固地占据他们的心田。

1. 让孩子勇于承担自己的过失

允许孩子犯错误，但不允许孩子推卸责任，更不应帮助孩子寻找理由逃避责任。家长应当要求孩子勇于对自己的言行负责，无论孩子有什么样的过失，只要他具备承担责任的能力，就要让他去勇敢地面对，不能让他逃避和推卸责任，更不能由大人出面解决。比如，孩子损坏了别的孩子的玩具，家长就应要求孩子自己去帮人修理或照价赔偿；孩子一时冲动打伤了其他孩子，家长就应要求孩子自己去登门道歉，并鼓励孩子去照顾被打伤的孩子；等等。

华盛顿从小就是一个敢于承担责任、承认错误的人。小时候，家里的果园种满了果树，但其中夹着一些不结果实的杂树。一天，父亲递给华盛顿一把斧头，让他把这些杂树砍掉，并叮嘱他不要砍伤正在结果的果树。但华盛顿一不留神，砍倒了一棵樱桃树。由于害怕受到责备，便把砍断的树堆在一块儿，将樱桃树盖起来。傍晚，父亲来到果园，看到了地上的樱桃，但他装作不知道的样子，对华盛顿夸奖说："你真能干，一个下午不但砍了这么多杂树，还把砍断的杂树都堆在了一块儿。"华盛顿惭愧地向父亲承认说："爸爸，对不起，只怪我粗心，不小心砍倒了一棵樱桃树。我把树堆起来是为了不让您发现我砍断了樱桃树。我欺骗了您，请您责备我吧！"

父亲听了并没有责怪华盛顿，而是原谅了他。因为华盛顿勇敢地承认自己的错误，没有说谎或找借口，这让父亲很欣慰。华盛顿牢记父亲的教导，一生都把勇于承担责任作为人生的基本信条。

承认错误、担负责任是每个人都应尽的义务，也是一个人最起码的品德。家长应该教会孩子勇于承担自己的责任，只有敢于承担责任才能在社会上立足，才能取得别人的信任。

2. 多给孩子承担责任的机会

责任心的培养需要相应的能力和情感，而且必须在一定的情境中通过亲身的活动来进行。要培养孩子的责任心，就必须让孩子实际承担责任，让孩子在参与中培养他的责任心。

4岁半的吉姆喜欢各种各样的植物，便苦苦地哀求爸爸给他买一盆鲜花。

爸爸趁周末带着吉姆到花卉市场买了一盆小花，两人约定，由吉姆负责照顾鲜花，给它浇水和施肥。

最初几天，吉姆非常负责任，但后来他给花浇水的次数越来越少，甚至几天都不给小花浇水，也不做记录，似乎他已经把养花的事忘了。结果，小花慢慢枯萎，叶子开始泛黄，生长的速度也减慢了。又过了几天，花快死了。爸爸对吉姆说："当时你和爸爸约定要照顾这盆小花的，你看是不是没有尽到自己的责任？"听了爸爸的教导，吉姆在以后的日子里每天坚持给花浇水，不久，小花又恢复了勃勃生机。

孩子的责任感只有在反复的实践中才能逐步形成。因此，父母要给孩子机会，让他对家庭、父母承担一些责任。只有多为孩子提供实践的机会，孩子才能逐渐提高自身的责任意识，孩子通过做事会得到对"责任"的一种宝贵的心理体验，这样的心理体验多了，孩子的责任意识自然会得到强化和提高。

3. 适当让孩子自食不负责任的苦果

父母对孩子不负责任的行为不要总是唠叨，可以适当地让孩子自食不负责任造成的苦果。

> 陈先生很会教育孩子，有一次，他的女儿忘记了带作业本，打电话让爸爸给她去送。陈先生虽然心疼女儿，但他决意要让女儿承担自己应负的责任，就对女儿说："没带作业本是你自己犯的错，你自己要承担后果。"女儿下午回来时垂头丧气，陈先生知道老师批评她了。这时陈先生对女儿说："被批评谁都会不高兴，但这对你今后有好处。爸爸教你一个方法，保证你以后再也不会因为这种事被老师批评了。"
>
> 女儿的表情立刻转阴为晴："爸爸，快告诉我，是什么办法？"
>
> 于是陈先生就对女儿说："只要你每天睡觉前，对着记事本把明天要上的课的课本放进书包，然后在记事本上打钩；把作业本放到书包里，然后在记事本上把要完成的作业和写好的作业打钩，看着你记事本上要做的事情统统都打钩了，说明你要做的事都完成了，这样就不会发生忘记带东西的事情了。"
>
> 自从女儿采纳了爸爸的建议后，再也没有出现过忘记带作业本的情况了。

父母要在孩子心中种下勇于承担责任的种子，并且要抓日常小事，抓细节，从而帮助孩子树立勇于承担责任的观念。

善良，让孩子拥有真善美

❶ 给孩子播撒善良的种子

"人之初，性本善。"善良是做人最基本的品质，它是人类历史中稀有的"珍珠"。一个人最重要的是要有一颗善心，以善良之心对待人生，这应该是一个人一生追求的道德规范。

人以善为本，善是心灵美最直接的体现。善良的人一般性格温和，乐于助人，由于能够理解体谅别人的痛苦，较少计较自己的得失，反而显得坚强、开朗，容易保持心理平衡。

从前，有个小女孩叫琼斯。她有一个满头白发、满脸皱纹的老祖母。

琼斯的父亲有一栋建在山丘上的大房子。每天，阳光从南面的窗子照进来，使一切东西看起来都那么明亮、美丽。

可是老祖母住在屋子的北侧，阳光从来不曾照入她的房间。有一天，琼斯对她的父亲说："为什么奶奶的房间里没有阳光，我知道奶奶也是喜欢阳光的。"

"阳光无法照入北面的窗子。"她的父亲说。

"那么，爸爸，让我们把屋子转一转吧。"

做心平气和的父母

"屋子太大了，转不动。"她的父亲说。

"难道奶奶的房间永远不会有阳光吗？"琼斯问。

"当然不会有，我的孩子。除非你带一些阳光给她。"

听父亲这样说后，琼斯不断地想着如何能将阳光带给祖母。

当她在原野上游玩时，她看到草和花在点头，鸟儿一边唱着甜蜜的歌，一边从一棵树上飞到另一棵树上。

似乎每样东西都在说："我们喜欢阳光，我们喜欢明亮、温暖的阳光。"

"奶奶也喜欢阳光，"琼斯心里想，"我必须带一些阳光给她。"

一天早上，当琼斯在花园时，她感觉到温暖的阳光在她金色的头发里。当她坐下来时，她看到阳光在她的膝盖上。

"我要用我的衣裳包些阳光。"她想，"然后，将这些阳光带到老祖母的房间。"因此，她跳起来，跑入屋子里。

"奶奶，你看，我给你带来了一些阳光！"她大叫。然后，她打开她的衣裳，但是里面什么也没有。

"阳光从你的眼里照耀出来了，我的孩子。"祖母说，"阳光也在你的金发里闪闪发光。当你和我在一起时，我就不需要阳光了。"

琼斯并不明白阳光如何从她的眼里照耀出来，但是她很高兴能够让亲爱的老祖母快乐。

从此，琼斯养成了这样的习惯，每天早上，当琼斯在花园里游玩之后，她便跑到老祖母的房间里，把她眼里和头发里的阳光带给老祖母。

善良的琼斯以自己的小小的善举，表达了对老祖母的天真的怜爱。这是许多成人难以做到的。

善良是人与生俱来的特质，是人身上最耀眼的一道光芒。美国作家马克·吐温把善良称为"一种世界通用的语言",它可以使盲人"看到",聋子"听到"。

善良是一种境界,是一种人生的修养与提炼。《道德经》中说:"天道无亲,常与善人。"这是告诉我们,在个人的修行上,主张独善其身、善心常在;与人交往时,讲究与人为善、乐善好施;在待人处事方面,强调心存善意、善待他人。心怀善念,不仅是一种善良,也是一种智慧,任何时候"与人为善"都是最明智的选择。

古人云:"心净生智能,行善生福气。"有一颗充满善意的心,行为和语言就会大不一样。心怀善意的人,人生的路必将越走越宽。在人生的旅途上,只要你能真正地做到与人为善,你就会有良好的人际网络,感受到人与人之间的温馨,获得意想不到的收获。

人以善为本。一个人最重要的是要有一颗善心,以善良之心对待人生,这应该是一个人一生追求的道德规范。所以,家长要把善良的种子撒在孩子的心中,让孩子成为一个有善心的人。

❷ 要将善良的品质坚持一生

善良作为一种美德,对孩子的成长发展具有不可忽视的积极影响。可以说,拥有善良品质的人,也是道德高尚的人,他更容易赢得人们的信任,取得事业上的成功。

> 曾有一位妈妈,平时工作很忙,可是为了不让孩子养成吃独食、自私自利、不为他人着想的缺点,她带着女儿一起到孤儿院认领养了一个小妹妹。小妹妹是一个盲人。这位妈妈不怕麻烦,和自己的女儿一起精心地照顾着那个小妹妹。一转眼,八年过去了。在这八年里,这位妈妈付出了常人难以想象的心血,克服了平常人难

做心平气和的父母

以想象的困难，收获到的是女儿优秀的品格。她的女儿长大后，不仅心地十分善良，而且十分善解人意，与同学、同事相处得很融洽，大家也都很喜欢她，因为她总是以一颗善意的心对待别人。

可见，对孩子从小进行善良教育，可以更好地培养孩子的优良品质，有利于孩子的健康成长和成材。

善良是一种高尚的品质，是一种良好的社会风气。只有拥有善良的孩子，才能得到别人的喜欢，才能更好地与人相处，生活得开心快乐。如果父母都能以自己的善良感染和陶冶孩子，在孩子的心中播撒善良的种子，那么孩子就能成长为一个健康、善良和正直的孩子。

苏联教育家苏霍姆林斯基说："一个人应当在童年就上完情感的学校——

进行善良情感教育的学校。"善良的情感及修养是人道精神的核心，它必须在童年时细心培养，否则难有效果。因此，父母要从小培养孩子善良的品质，在孩子的心中播撒善良的种子。

1. 善良的行为从爱护小动物开始

对孩子进行善良教育，可以从指导孩子爱护身边的小鸡、小鸭、小猫、小狗开始，让孩子懂得珍惜生命，让孩子在亲自照料小动物的过程中，学会体贴入微地亲近生命。这种"实物教学"往往会收到潜移默化的教育效果。

> 小明的妈妈是一个非常善良的人，她会用自己的切身行动教育孩子要善良。有一次，一只受伤的麻雀落到小明家的院子里，麻雀身上湿淋淋的，看起来奄奄一息。小明的妈妈小心翼翼地把麻雀用手捧起来，擦干它身上的水，把它放到干燥的阳台上，给它端了一小碗水，撒上一些米粒，让它在温暖的屋里有吃有喝，不挨冻受饿。后来，麻雀有精神了，小明的妈妈就把它放飞了。小明目睹了这一切，他小小的心灵也受到了感染，对善良的理解潜移默化地渗透到他的心里。

爱护动物，看似是小事，其实，这是培养孩子善良之心的一个最朴素和最有效的办法，家长必须抓住这个契机，让孩子知道怎样亲近自然，亲近生活，亲近人类的朋友。

2. 教孩子同情和帮助弱者

> 曾经有幼教专家到一家幼儿园进行心理测试，其中有这样一道题目："一个小妹妹感冒了，她冷得直哆嗦，你愿意借给她外套吗？"结果孩子们都不回答。当老师点名提问时，第一个孩子说：

"病了会传染的，她穿了我的衣服，那我也该生病了，我妈妈还得花钱。"第二个孩子说："我妈妈不让，我妈妈会打我的。"结果，半数以上的孩子找出种种理由，表示不愿意借衣服给生病的小妹妹。

看来，现在的孩子大多是以自我为中心的。身边有人需要帮助，很多孩子第一时间会想到自己的利益会不会受到侵犯。这其实是和父母的教育有直接关系的。因此，家长需要有意识地培养孩子的同情心和爱心，让他们养成乐于助人的习惯，成为一个善良而富有爱心的人。

3. 表扬孩子的善良举动

当孩子做出了善良的事情，来自父母的及时肯定和赞扬是孩子保持善意之举的无形动力。

妈妈听说孩子在学校做了好事，主动照顾一个生病的同学，便给孩子做了一顿丰盛的饭菜，并在饭桌上郑重其事地表扬孩子。

饭后，孩子的爸爸对孩子的妈妈说："这么点小事，没必要搞得这么隆重吧？"孩子的妈妈严肃地说："培养孩子的爱心和善良不是一件小事，我这样做就是为了让孩子知道，我们很赏识他的善良举动，这样他今后才会经常做好事。慢慢地，善良就会成为孩子的一种品格。"

若想让孩子将善良的行为当作一种习惯坚持下去，父母需要时刻关注孩子的行为表现，只要发现孩子有善良的举动，父母一定要及时肯定孩子、表扬孩子，让孩子知道，父母对他的行为非常赏识，他就会坚持做善事。如此一来，善良就会成为孩子的一种习惯、一种品格。

宽容，让孩子懂得体谅

① 宽容是一种需要修养的思想境界

宽容是一种美德，是一种思想修养，也是人生的真谛，你能容人，别人才能容你，这是生活的辩证法则。学会宽容，你就会善于发现事物的美好，感受生活的美好。

法国作家雨果曾经这样感叹："世界上最宽广的是海洋，比海洋更宽广的是天空，而比天空更宽广的，是人的胸怀。"而在中国，则有"宰相肚里能撑船"的说法。这些都说明了宽容的重要性。

古时有一位官员，家里珍藏着一对稀世玉杯。这对玉杯晶莹剔透，完美无瑕。官员将它们视为传家之宝，异常珍爱，轻易不肯示人，只在重要聚会时才拿出来，专设一桌，铺上锦缎，将玉杯放在上面使用。

有一次，官员宴请一些下级同僚。喝到酒酣耳热之际，大家的举止不免变得粗犷起来。一位同僚在劝酒时，失手将玉杯碰落在地，这对"宝贝"顿时化作满地碎片。在座的人都惊呆了，那个冒失鬼更是吓得跪在地上，请求治罪。

这位官员神色不动，毫无惋惜之意，好像刚才摔碎的不过是一

做心平气和的父母

只原本想要扔掉的破饭碗。他笑着对宾客们说:"大凡宝物,是成是毁,都有定数。该有时它就来了,该失去时,谁也保不住。你偶然失手,又不是故意的,有什么罪呢?"

事后,朝中上下无不称道这位官员气度不凡,有宰相之量。后来,他果然成为宰相。他就是与范仲淹齐名的北宋名相韩琦。

包容是一种修养,一种境界。正如斯宾诺莎所说:"心不是靠武力征服,而是靠爱和宽容大度征服。"同是面对他人的过错,耿耿于怀、睚眦必报定会带来心灵的负累。真正仁者会选择一份包容,一份泰然。包容的神奇就在于化干戈为玉帛,化敌为友。

人非圣贤,孰能无过。与人相处就要相互谅解,经常以"难得糊涂"自勉,求大同存小异,有度量,能容人,你就会有许多朋友,且左右逢源,诸事遂愿;斤斤计较,认死理,过分挑剔,容不得人,别人就会躲你远远的。最后,你只能关起门来"称孤道寡",成为使人避之唯恐不及的异己之徒。

❷ 宽容需要后天的培养和教育

宽以待人,是做人必备的优秀品德。对孩子来说,也是十分重要的。这种感情对于孩子个性的健康发展,尤其是情感的健康发展,以及对于孩子良好人际关系的建立有非常重要的意义。

但遗憾的是,现在的孩子多数是独生子女,因为父母溺爱,他们总是以自我为中心,很少顾及他人的感受,对别人给自己带来的一点伤害总是耿耿于怀。例如,在与小伙伴交往的过程中,往往容不下对方的小小过错。这种缺乏宽容的态度,使他们很难与小伙伴形成良好的关系,甚至可能被孤立。所以,父母一定要从小培养孩子宽容的品质,使孩子成为一个能够宽容别人的人。

有一次考试，卷子发下来，小奇发现老师在算分数时将一道题的分数漏掉了，因此他少得了 2 分。他很生气，对爸爸诉说心中对老师粗心大意的不满。爸爸听后对小奇说："老师有那么多试卷要批改，丢 2 分有什么关系。你不是已经把那道题做对了吗？实际上你已经得到了那 2 分。老师有没有算进去，并不影响你对知识的掌握，你说是不是这样呀？"小奇听了爸爸的教导，心平气和地去做作业了。

还有一次，一个同学不小心弄坏了小奇的铅笔盒，小奇很生气，于是不再与那个同学说话。后来，爸爸知道了这件事，便对他说："这样的事难免发生，你不是也曾把隔壁小玲的泥娃娃摔掉了一只耳朵吗？你们都不是有意的。同学弄坏了你的铅笔盒，不要计较，自己动手修理一下，不是还可以用吗？"经过爸爸的教育，小奇转怒为喜，懂得了宽容的道理，并与那个同学和好如初。

宽容是一种品德，也是一种智慧，如果父母教会孩子学会宽容，那么孩子就掌握了与任何人交往的一种智慧。富有宽容心的孩子往往心地善良，性情温和，惹人喜爱，受人拥护，而缺乏宽容心的人往往性情怪诞，易走极端，不易与人亲近，因而人际关系往往不好。因此，教孩子学会宽容尤为重要，这不仅是为孩子今天能和伙伴处理好关系，也是为孩子将来的人生奠定基础。

宽广的胸怀不是天生的，而是靠后天的培养和教育。生活中，父母要注意培养孩子拥有宽广的胸怀，从日常生活、学习中加以注意，抓住每一件可资教育的事情，不断对孩子进行宽容待人的引导和教育，逐渐使宽容的理念融入他们的品格之中。

1. 为孩子树立宽容的榜样

宽容的种子往往需要父母用心去播种，只有宽容的父母才能培育出宽容

做心平气和的父母

的孩子。孩子最初是从父母那里学习待人接物的方式的。父母宽容、大度、遇事不斤斤计较，与邻里、同事之间融洽相处，孩子就会学着父母的样子处理同学之间的关系，也会变得宽容、友善、乐于与人相处。

一位父亲和儿子一起去旅行。火车启动不久后，检票员走过来要查验车票。这时，父亲因为一时找不到火车票而遭到检票员的冷眼和讽刺，这一幕被8岁的儿子看在眼里。

待检票员走后，儿子问父亲："您刚才为什么不瞪他呢？还对他那么温和？"父亲笑着摸了摸儿子的头说："他既然能忍受自己的脾气一辈子，我为什么不能忍受他几分钟呢？"

听了这位父亲的话，我们不禁要感叹他宽广的胸襟，感叹他为儿子做了一个好榜样。

孩子的宽容心最主要的来源就是父母。要培养善良、宽容的孩子，父母必须以身作则，为孩子做表率，同时抓住教育契机善加引导，使孩子具有良好的心态和应对各种环境的能力，使他们拥有快乐的人生。

2. 教孩子学会换位思考

所谓换位思考，也叫心理换位，是指在看问题的时候，把自己想象成对方，去体会对方的心情和感受，以便更好地体谅对方。特别是当孩子之间产生矛盾时，让孩子学会换位思考，对引导孩子体谅别人很有帮助。

下课了，小菲拿出自己心爱的杂志翻阅起来。不巧，同桌起身时不小心把墨水瓶打翻，墨水洒到了杂志上，把一本精美的杂志涂得脏兮兮的。小菲很生气，不但让同桌赔她新的杂志，还把这件事告诉了班主任。结果，小菲的同桌被班主任批评了一顿。

回家后，小菲得意地跟妈妈说了这件事情。妈妈听完严肃地对她说：“谁都有不小心犯错误的时候，如果你犯了同样的错误，你的同桌大喊大叫，让你赔，还告诉班主任批评你，你舒服吗？"

小菲毫不犹豫地回答：“我会很难受的。"

妈妈告诉小菲：“那你今天这么对同学，她也会很伤心的啊。所以你要和气待人，尤其是对待同学，更要宽容，就像今天这样，应该说没关系。这样，同学才会喜欢你。"

在妈妈的启发下，小菲渐渐地理解了宽容的含义，也开始学着去宽容他人了。

教孩子学会换位思考，等于教孩子学会宽容和理解。所以，在孩子与他人发生争吵或矛盾时，父母可以教孩子学会从他人的角度来看待问题，让孩子把自己置于他人的位置，并站在他人的角度来思考问题。这样孩子不仅可以理解他人，还会明白宽容的意义。父母应该教育孩子经常自问："要是我处在这种情况下，我会怎么想呢？又会怎么做呢？""我现在应该为他做点什么，他的心里是不是会感觉好受一些呢？"这样，孩子往往会看到问题的另一面，从而养成宽容的品格。

做心平气和的父母

诚信，让孩子赢得未来

❶ 诚信是做人的根本准则

所谓诚信，就是要守信用，一诺千金，说话算数，这是中华民族的传统美德。孔子曰："人而无信，不知其可也。"意思是说，一个人不讲信用，就不知道他能干什么。换句话说，一个人不讲信用，就不会有朋友。

东汉末年，张召力和范式一起在京城洛阳读书，由于志趣相投，他们结下了深厚的友谊。分手之时，伤感的张召力说："今日一别，不知何时才能再见范兄一面？"说着竟落下泪来，范式见此情景，就说："张兄，莫要悲伤，两年之后，金秋时节，我一定去拜望令堂，并与你相会。"很快两年就过去了，又是秋天，满地的落叶让张召力想到了临别时范式同他说过的话。

于是，他便对母亲说："秋天到了，范式马上就来看我们了。我们准备准备吧！"母亲说："他距离我们这儿有1000多里路呢，再说他也许只是随口说说，怎能当真，说来就来呢？"张召力认真地说："范式为人诚恳、极守信用，一定会来的。"尽管母亲心里不信，但是嘴上仍然说："好好，他会来，我去做几道菜准备准备。"

约定的日子到了，范式果然赶来了。旧友重逢，自然高兴无比。张召力的母亲在一旁激动地掉泪，感叹地说："张召力有这么一个讲信用的朋友，这是他的福分啊！"

诚信是赢得别人信任的基础，在与人交往中，只有说到做到，才能不断地提高自己的信任度。如果你言而无信，就只能失去朋友的信任，破坏原本和谐的友谊。

从本质上说，诚信是一种人品修养，是做人的根本准则。诗人艾青这样说："人民不喜欢假话，哪怕多么装腔作势，多么冠冕堂皇的假话，都不会打动人们的心。人人心中都有一架衡量语言的天平。"言外之意是告诉人们，在交往中要讲信用，说真话、讲实情，而不能信口开河，夸夸其谈。

人离不开交往，交往离不开信用，"小信成则大信也"，无论是做人还是做事，诚信在其中必不可少。一个讲诚信的人，能够前后一致，言行一致，表里如一，人们可以根据他的言论去判断他的行为，进行正常的交往。只要你诚实有信，自然会得到大家的认可，获得大家的尊重。如果你口是心非，说一套做一套，表面上看是占了便宜，但为了这点便宜毁了自己的声誉，是最不划算的。

❷ 宽容是一个人在社会上的通行证

诚信是一个人走向社会、走向成功的通行证。不管是谁，如果缺乏诚信，他在社会上将会寸步难行。父母如果希望孩子将来有所作为并达到一定层次，首先必须让他做到诚实守信。

莫言是第一个获得诺贝尔文学奖的中国籍作家。有一次，他在瑞典学院演讲时讲述了发生在他儿童时期的一个故事。故事改变了他，让他学会诚信为人。

做心平气和的父母

小时候莫言家境清贫，其母亲为人正直质朴。有一次，莫言到菜市场上帮忙卖白菜，向顾客多收了一毛钱。莫言心想，一毛钱也不是什么大钱，多收了就多收了。算完钱，他就去学校了。

中午放学回到家，莫言被母亲叫到跟前。母亲语重心长地告诉莫言，她已知道莫言多收顾客钱的事情，母亲一边说，一边伤心地流泪。但母亲没有骂莫言，只是轻轻地说："儿子，你让娘丢了脸。"

这件事让莫言感到非常后悔，并深深地影响了他。从那以后，他就深切地学会了为人诚信的道理。

后来，莫言走上了文学创作之路，他也把自己从母亲身上受到的影响融入了他的文学作品《卖白菜》中。《卖白菜》通过回忆一段辛酸往事，刻画了一个坚强、自尊、朴实、诚信的母亲形象。

诚信是立身之本，是一个人最宝贵的财富，它能让孩子保持正直，挺直脊梁、光明磊落地做人，还能给孩子以力量和耐力。只有诚信的人才值得信赖。诚信比其他任何品质更能赢得尊重和尊敬，更能取信于人。

在当今的市场经济时代里，诚实守信是每个人必备的素质，每个家庭都应该从小培养孩子有一颗诚信之心，让孩子拥有诚实守信的品德，得到别人的尊重和信任，获得真诚的朋友和友谊，将来在事业上才能得到更好的合作伙伴和他人的支持。

无诚则无德，无信则事难成。聪明而睿智的家长们，您一定能领悟到诚信教育的作用和真谛，那么就从现在做起，从身边的点滴小事做起吧。播下诚信的种子，给孩子以力量和耐力，赢得诚信这张人生的通行证！

1. 做孩子诚信的榜样

有一次，张先生答应女儿在周六带女儿去郊游。张先生虽然工作繁忙，但他一直没有忘记女儿的请求。

周六快要到来了,女儿显得非常开心。但是,周四来了一个外商,外商邀请张先生在周六商谈投资的事宜,因为他周日就要回国了。虽然这是个非常难得的机会,但没想到张先生却拒绝了外商的邀请。他对外商说:"实在不好意思,我已经答应女儿周六要陪她郊游,我不能食言。我希望我们能够另外约个时间商谈投资事宜。"

女儿知道这件事后,非常敬佩父亲,她说:"我的父亲让我懂得了,一个人一定要信守自己的诺言,并且即使我是个孩子,但仍然觉得受到了尊重。"

在教育孩子的历程中,要想让孩子学会守信,父母首先要做到。孩子好模仿,他们时时刻刻都在观察模仿成人的行为,因此家长要做到"言必信,行必果",凡是答应孩子的事就一定要兑现。如因情况有变或因其他原因无法兑现,也要向孩子说明情况、解释清楚,表明不是有意骗他。

2. 鼓励孩子的诚信行为

心理学研究表明,适当的表扬对塑造儿童行为和培养良好的品德有举足轻重的作用。所以,家长平时应多观察孩子的行为,一旦发现孩子做到了诚实守信,就应该加以肯定和表扬,使孩子的这一行为慢慢转化为习惯。

星期日,爸爸想带女儿媛媛去公园玩,可是,媛媛拒绝了。爸爸感到很奇怪,便问媛媛:"你不是早就想让我带你去公园玩的吗?好不容易今天我有时间,你怎么又不去了?"尽管爸爸的语气已经有点恼怒了,媛媛还是坚定地摇了摇头。

原来,媛媛昨天答应幼儿园同班的小朋友,让他来家里一起玩游戏。虽然她很想和爸爸去公园玩,同班的小朋友也可能不会来,但是,她不能对小朋友失信。

"我约了朋友,"媛媛说,"我不能说话不算数。"听了媛媛的解

做心平气和的父母

释，爸爸向她竖起了大拇指。

当孩子出现守信的情况时，父母要及时表扬他的这种行为，而不要带有太多世俗的功利心态去评价孩子纯真的心灵。通过这样不断的巩固，孩子会越发明确品质和行为之间的相互关系，从而养成诚信待人的良好习惯。

3. 让孩子学会守时

所谓守时，就是遵守时间，履行承诺，答应别人的事情就要在规定的时间范围内完成。守时，不是一件小事，守时不仅是自身素质的一种体现，也是对他人尊重、负责的一种人际关系体现。如果你对别人的时间不表示尊重，那么你也不能期望别人会尊重你的时间。一旦你不守时，你就会失去影响力或者道德的力量。

詹姆斯先生一贯非常准时。在他看来，不准时就是一种难以容忍的罪恶。有一次，詹姆斯与一个请求他帮忙的青年约好，某天上午10点钟在自己的办公室见面，然后陪那个青年去会见火车站站长，应聘铁路上的一个职位。到了这天，那个青年比约定时间竟迟了20分钟。当那位青年到詹姆斯的办公室时，詹姆斯先生已经离开办公室，开会去了。

过了几天，那个青年再去求见詹姆斯。詹姆斯问他那天为什么失约，谁知那个青年人回答道："呀，詹姆斯先生，那天我是在10点20分来的！""但是约定的时间是10点钟啊！"詹姆斯提醒他。那个青年支吾着说："迟到一二十分钟，应该没有太大关系吧？"詹姆斯先生很严肃地对他说："谁说没有关系？你要知道，能否准时赴约是一件极紧要的事情。就这件事来说，你因不能准时已失掉了拥有你所向往的那个职位的机会，因为就在那一天，铁路部门已接洽了另一个人。我还要告诉你，你没有权利看轻我的20分钟，没有理由以为我白等你20分钟是不要紧的。老实告诉你，在那20分钟里，我可以赴另外两个重要的约会了。"

不要以为约会迟到只是一件稀松平常的事，更不要以为它不足以产生严重的不良后果。事实上，在"守时"被视为美德的社会里，"迟到"是一种令人难以接受的恶习。

父母一定要让孩子知道，守时是一种无形的承诺，既是对自己为人的承诺，也是对他人尊重的承诺。只有你把这份承诺守住了，才会让别人认为你对事情的重视，才会让别人感到你是在尊重他，才会让别人来守住他对你的承诺。

做心平气和的父母

感恩，让孩子懂得回报

1 有感恩之心的人最美

感恩是一份美好感情，是一种健康心态，是一种良知，是一种动力。人有了感恩之情，心灵就会得到滋润，并时时闪烁着智慧的光芒。所以，父母在教孩子们知识的同时，必须教给他们一种品质——学会感恩，学会带着感激的心情生活。

英国哲学家约翰·洛克说过："感恩是精神上的一种宝藏。"一个懂得感恩的人，才是幸福而又幸运的人。一颗感恩的心，是人类心田中最真、最善、最美的种子。它发芽之后，会开出爱心之花，结出善良之果。而我们的人生也将由此进入与众不同的新世界。

阿良是一位卓有成就的年轻学者，当他回想起自己的求学生涯时，深深感受到他的这一切成就，很大程度上受一位小学老师的影响。

一年冬天，阿良回到学校找那位老师时，才知道她已经退休了，于是他写了一封信，表达他的感激之情。

不久，老师回了信："我实在不知道怎么告诉你，你的这封短信对我的意义有多大。我现在已经 70岁，孤零零地住在一个小房间里，每天一个人做饭、过日子，就好像在等着进坟墓一样。

"你知道吗？我教书教了50年，从来没有接到只字片语表达感激的信，这是第一封。虽然这封信是在一个阴暗而寒冷的早晨接到的，但这是多年来唯一让我感到高兴的事。"

"多年来唯一让我感到高兴的事！"这个句子多么强烈地表达出人类渴望感激的心态。俗话说："滴水之恩，当涌泉相报""投之以桃，报之以李"……

② 家庭教育中也要包含感恩教育

我们不得不承认这样一个事实：知道感恩的人不太多了，尤其是孩子！

现如今的孩子多数是独生子女，在家庭中的地位可谓是"位高权重"。全家一切以孩子为中心，而孩子们从小到大都是扮演被爱的角色，久而久之，很多孩子认为从父母那里得到东西是理所当然的，生活中只知道索取，不知道回报，自然不会想着去关心他人、感激他人。所以教育孩子"学会感恩"是一件重要的事情。让孩子学会感恩，其实就是让孩子学会尊重他人，对他人的帮助时时怀有感激之心。

日本的一些学校十分重视对学生进行"感恩教育"。他们的感恩教育主要是教育孩子感谢父母、感谢教师、感谢所有关心自己的人。感谢父母，是因为父母养育了我们；感谢教师，是因为教师教给了我们知识，提高了我们的能力；感谢所有关心自己的人，是因为他们的关心和帮助使自己健康成长，渡过人生的一道道难关。这些看似朴素的感恩教育中却蕴藏着深刻的人情道理和人文关怀。

有一位年轻的妈妈，每逢孩子过生日，她都没有给孩子买生日

做心平气和的父母

蛋糕，也没有为孩子大摆宴席，却不忘记带孩子去产科医院，去看望那位曾经给自己接生的白衣天使，告诉孩子是那位医生把他带到了这个世界……让孩子给那位医生送上一束美丽的鲜花，送上全家的感恩之心。妈妈在孩子生日那天，虽然没有给孩子买生日礼物，却给了孩子无价之宝——一颗感恩的心。

感恩教育是家庭教育的重中之重。一个懂得感恩的孩子会更珍惜自己的生活，善于发现事物的美好，感谢他人给予的一切。感受平凡中的美丽，就会以坦荡的心境、开阔的胸怀来应对生活中的酸甜苦辣。让孩子学会感恩，从而让孩子以友善之心对待他人，尊重他人的劳动也更加尊重自己。这有助于他们良好品格的形成，使孩子一生受益无穷！

1. 让孩子学会感恩父母

教孩子学会感恩，让孩子从感谢父母开始，因为父母是孩子的至亲，如果对父母的关心、疼爱不会感恩，那么孩子对别人就更加不会懂得感恩。

有一位母亲是这样引导她的孩子学会感恩的。这位母亲非常喜欢仙人球，她经常给女儿讲一些养花草的好处。有一次，她带女儿去逛花市，看了各种各样的仙人球，但是，她只是问了价钱，却没有买。她对女儿说："这仙人球好看是好看，就是太贵了。"

回到家后，母亲似乎一直惦记着那些仙人球。没过几天就是母亲节了，铺天盖地的广告都在教子女孝敬母亲。

母亲节那天，这位母亲刚回到家就看到了放在桌子上的仙人球，还有女儿的一封信。

女儿是这样写的："妈妈，你养育了我15年，我无以为报，我知道您很喜欢仙人球，就给您买了一盆，这代表了女儿对您的感激之情。"

在日常生活中，父母应该时刻创造条件启发孩子学会用感激、感恩的心态去面对自己的付出，让孩子先从感恩父母开始，如让孩子知道父母为自己做事后要说谢谢等，通过这种小的事情、小的情绪让孩子熟悉这种感恩的状态，并最终知道如何表示自己的感恩。

2. **让孩子学会感恩他人**

有这样一个家庭，在他们家的客厅里，永远摆着一个"感谢箱"。家庭中的每个人都可以把他们所要感谢的人、感谢的事写在一张小纸条上，投进"感谢箱"里。每到周末，全家人都要开一个

"感谢大会"，一起分享"感谢箱"里的小纸条。

在这种环境下，孩子特别懂得感恩，几乎每天都会往"感谢箱"里投小纸条：

感谢妈妈为我做了可口的早餐，使我有精力去面对每一天；

感谢爸爸每天"开"着自行车送我去上学，使我有了充足的时间做好课前准备；

感谢老师辛勤的付出，使我不费很大力气就掌握了那么多的知识；

……

我们每个人生活在社会中，都可能得到别人的帮助。家长要让孩子懂得用感恩之心去感受世间的亲情、友情和恩情，在接受他人关爱、支持和援助时，给他人以回报，不要只图索取和享受。教育孩子将他人恩惠铭记在心，增强责任感。只有从小培养孩子感悟他人对自己的好，对自己的帮助，让孩子拥有一颗懂得感恩的心，长大之后才能成为一个懂得感恩的人。

3. 让孩子学会表达感谢

用语言表达感恩最常见和最普通的方式就是真诚地说一声："谢谢！"但生活中，许多人对这一句"谢谢"不以为然，认为不过是一句话而已，事实上，这句简单的"谢谢"，表达了一个人的一种人生态度，一种感恩之心。

在一个可怕的暴风雨和雷电交加的晚上，一艘蒸汽渡轮撞上一艘满载木材的货轮。船在渐渐沉没，船上393名乘客全部掉入密歇根湖水之中。他们拼命挣扎着等待救援。

一位名叫史宾塞的年轻人奋勇跳入冰冷的湖水中，一次又一次地救出溺水者。当他从寒彻入骨的湖水中救出第17个人后，终因筋疲力尽而虚脱，再也无法站起来。

<u>从此以后，他在轮椅上度过了自己的余生。多年后，一家报社采访他，问到那晚之后最难忘的是什么，史宾塞的回答是："17个人当中，竟没有一个人向我说声谢谢。"</u>

感谢他人，对他人说声"谢谢"，是感恩的简单形式。培养孩子感恩的心态，要从培养孩子学会对帮助他的人说声"谢谢"开始。当孩子在生活中获得帮助时，父母要提醒孩子及时表达感谢。比如，带着孩子出入公共场合，对于周围人给予的便利，父母不仅要真心地说"谢谢"，还要提醒孩子："快！谢谢叔叔（阿姨）！"当孩子善于表达感谢，说明他已经渐渐懂得回馈他人的付出，特别是别人的付出给自己带来方便的时候，更不会熟视无睹或者觉得理所应当。这样，孩子会生活在感恩的世界，而世界回馈给孩子的，当然也是更大的恩惠。

第四章

不吼不叫，培养孩子良好的习惯

热爱劳动，做个勤劳的孩子

❶ 要从小培养孩子吃苦耐劳的好品质

热爱劳动是人最重要的品性之一。世界上的成功人士大多有热爱劳动的好习惯。美国总统奥巴马说：流汗的教育才是真正的教育。从小培养孩子热爱劳动的习惯对孩子的健康成长是非常重要的，有助于孩子良好性格的形成。

从20世纪40年代开始，哈佛大学的一些社会学家、行为学家和儿童教育专家对波士顿的456名孩子进行了20多年的跟踪调查，了解他们的生活经历和成长过程。

在这些孩子进入中年的时候，研究人员对他们的生活进行了分析，结果发现，不管这些人的智力、家境、种族或受教育的程度如何，也不管他们遇到多少困难和挫折，从小参加劳动的人，即使只在家里做一些简单家务的人，生活得要比没有劳动经验的人更充实、更美满。

具体结果如下：当年爱劳动的孩子与不爱劳动的孩子相比，长大后的失业率为1∶15，犯罪率为1∶10，爱劳动的孩子平均收入比不爱劳动的孩子平均收入要高出20%左右。此外，爱劳动的孩子离异率、心理疾病患病率也较低。

专家们分析说，让孩子从小做一些家务，可以培养他吃苦耐劳、珍爱劳动成果、珍惜家庭亲情、尊重他人等良好的品质，长大以后自然比那些"四体不勤"的孩子更有出息。这一调查结果证明，劳动与孩子成才有着非常密切的关系，也启发当代父母从更广泛的意义上认识劳动对孩子成长产生的影响作用。

但在现实生活中，很多父母往往只特别关心孩子的学业，却忽视了对子女进行热爱劳动的教育，因为疼爱而怕孩子吃苦；或嫌孩子做家务"越帮越忙"麻烦，没清醒地意识到劳动教育的重要性，于是迁就了孩子的惰性，包办孩子的生活琐事，使孩子很少有劳动锻炼的机会，这使他们缺乏劳动意识，也不懂得珍惜劳动成果。

小明是独生子，从小父母就帮他打理好一切，很少让他自己做什么。到了可以自理的年纪，他还是吵着让父母给他喂饭、穿衣、买零食等。父母出于对小明的爱，一次又一次地满足他，更别说让他做家务了。谁知，这样就导致小明失去了一些可以独立处理事务的机会。现在小明已经上小学了，做作业总是拖拖拉拉、偷工减料不说，一到劳动时就想方设法偷懒，怕吃苦，不愿动弹。他说自己也不知道为什么会这样，父母更是拿他没办法，批评、体罚都没用，父母觉得很无奈。

上述事例中，小明父母的无奈实际上正是父母忽视了孩子劳动习惯的培养造成的。因此，从小对孩子进行热爱劳动的教育，是值得每一位家长重视的问题。

❷ 家长要多给孩子提供劳动锻炼的机会

苏联文学家高尔基说过："劳动是良心和义务的第一个最公正的捍卫者。

做心平气和的父母

劳动是把精神的振奋和手的能量融为一体的活动，是最重要的人类幸福的源泉。"一个人有无劳动的兴趣和能力，将直接影响他一生的发展。劳动教育对于培养孩子做人的基本品质和基本能力十分重要，如果家长忽视了孩子的劳动教育，那么就忽视了孩子最根本的生存教育。劳动教育将直接影响孩子的意志力、实践能力、心理素质等非智力因素，而这些非智力因素直接影响智力的发展。试想，一个没有毅力、意志薄弱、实践能力差、社会适应能力差、心理素质差的孩子，能在学习上取得好成绩吗？

巴甫洛夫的父亲十分重视孩子的劳动教育。他认为，给孩子一双勤劳的手就好比给了孩子一双立足于社会的脚，没有什么事情是比拥有勤劳更让人愉快的了。

当小巴甫洛夫逐渐长大的时候，父亲把小巴甫洛夫带到地里，指着一块翻好的地说：

"儿子，今天我们来种菜吧。"

"可是爸爸，我不会呀。"小巴甫洛夫说。

"没关系，不会爸爸教你。"小巴甫洛夫的父亲说。

于是，小巴甫洛夫跟着爸爸种了一天的菜，过了不久，当他们种的菜都长出了鲜嫩的叶子，父亲又带着小巴甫洛夫来给菜浇水除草。

后来，父亲又教巴甫洛夫学做木工活。父亲买来了凿子、锯子，还给小巴甫洛夫做了个精美的小板凳，然后告诉儿子板凳是怎么做出来的，小巴甫洛夫跟着父亲认真地学了起来。没多久，小巴甫洛夫就可以自己做简单的家具了。

父亲除了亲手教小巴甫洛夫学习种菜、做木工活外，还教他养花、除草、给树木嫁接。小巴甫洛夫在父亲言传身教的影响下，从小养成了不怕苦、不怕累、坚持自己动手把活干完的良好习惯。这种从童年培养起来的勤劳和耐性，成为巴甫洛夫在科学事业上取得巨大成功的重要因素。

从小培养孩子的劳动习惯，对孩子的成长是极有好处的。劳动不仅锻炼了孩子做事的能力，而且能让孩子体会到父母的辛苦。从小就培养孩子热爱劳动的习惯，是对孩子自主能力的一种很好锻炼，对其以后的成长和发展有决定性的作用。

热爱劳动是一种好的习惯。英国著名教育家洛克雷说过："一切教育都归结为养成儿童的良好习惯，往往自己的幸福都归结于自己的习惯。"应该说，劳动习惯的养成，是孩子今后幸福的重要保证。为了孩子的一生，家长一定要从小培养孩子爱劳动的习惯，对孩子力所能及的事不要大包大揽，让孩子自己的事情自己做，不会的事情学着做，会做的事情经常做，只有这样，孩子才能健康成长。

1. 让孩子有实践的机会

教孩子爱劳动不能只是停留在口头上，要让他们从身边的小事做起。

有一个男孩，他从小就没有做过家务活。在学校里经常逃避大扫除等集体劳动，引起了同学的不满。老师将这个问题反映给他的父母，父母意识到自己没有给孩子提供劳动实践的机会。于是决定改变孩子这种不爱劳动的习惯。

暑假到了，父母带孩子去野营。但是，父母在野营过程中不再像以往那样对孩子呵护备至，而是鼓励他多动手，多尝试。平日不爱劳动的男孩，在这次野营活动中吃尽了苦头。但他也在劳动中意识到了自己的不足，认识到自己的生活自理能力和劳动能力太差了。

回家后，男孩经常主动帮助父母做家务。经过一段时间的劳动实践，男孩对劳动已经不再厌恶了，反而喜欢起劳动来。

看来，对孩子进行劳动教育，不能只限于口头，而应该通过劳动实践来进行，多给孩子劳动的机会。如果家长在平时没有让孩子参加具体的劳动，那么，孩子是不太可能热爱劳动的。

2. 教给孩子一些劳动技能

在现实生活中，经常有孩子愿意帮助父母做些力所能及的家务，但因为不会干而越帮越忙，甚至弄坏了这碰坏了那，从而因为害怕失败而导致孩子丧失劳动积极性。解决这种问题的根本方法就是培养孩子的劳动技能。

有一次，莉莉在帮助妈妈洗碗的时候，由于碗碟没有摆放好，摔到了地上成了碎片。莉莉惊慌失措，胆怯地望着妈妈，不知如何是好。妈妈笑着安慰莉莉说："没关系的，你能帮妈妈洗碗，妈妈已经很高兴了，打碎几个碗碟没什么大不了，以后小心就是了。"在妈妈的安慰下，莉莉悬着的心终于放了下来。接着，妈妈又给莉莉示范洗碗时的注意事项，告诉莉莉放碗和碟子时，一定要摆放稳当，洗碗的水龙头不要开得过大……在母亲的鼓励和教导下，莉莉很快成了家里的劳动能手。

做任何事都需要一定的技能，劳动也不例外，因此父母应该教给孩子一些劳动的程序，操作要领、方法和技巧等。比如，要孩子做饭，就应该告诉他做饭的程序，放多少水，煮多长时间，等等，必要时要给孩子做示范。另外，在教孩子学会劳动技能的时候不要急于求成，而应该根据孩子的年龄特点，循序渐进，逐渐提高劳动的难度和强度，使孩子在掌握劳动技能的同时，发挥他们的想象力和创造力。

3. 让孩子学会做家务

苏联著名教育家苏霍姆林斯基说："家务劳动是最细心、最严格的保姆，是教育中的朋友和助手。"如果想让孩子热爱劳动，就要从做家务开始，让孩子从小就具备做家务的习惯和能力，把家务看作生活中很自然的内容之一。如果家长什么事情都不让孩子做，这看起来好像是对孩子的一种"爱"，可就是这种"爱"在无行中抑制了培养孩子许多良好的习惯。所以，父母一定要舍得让孩子参与家务，帮助孩子成为有责任心和热爱劳动的人。

> 美籍华人赵锡成有六个女儿，个个出类拔萃。
> 赵锡成介绍，他一直很注重培养孩子的独立自主能力。尽管家庭经济条件不错，但是他并不想让孩子娇生惯养，养成不劳而获的坏习惯。从孩子很小起，他就要求六个女儿在家里分担家务。例如，每天早晨，她们要出去检查游泳池的设备，捞出水上的脏东西；到了星期日，要整理两英亩的院子，把杂草和蒲公英拔掉。小女儿在未成年时，已经负责处理家里的账单，将圣诞卡的邮寄名单输入电脑，并接听晚上的电话等。

做家务是培养孩子劳动能力的好办法。父母适当地交给孩子一些工作，让孩子学着做些简单的家务，不仅能减轻父母的负担，还是一种教育和引导孩子的好办法。孩子不仅可以充分体会到父母平时的辛苦，还能够使他们学会自我负责、生活自理、协助做家务等。

以礼待人，让孩子从小养成礼貌的习惯

① 礼貌是一个人素质的重要组成部分

礼貌待人，是指人们在与他人交往的各种行为处境中，所应具备的品行和礼仪，是处理人与人之间关系的社会公德之一，也是文明行为中最基本的要求。同时，文明礼貌是社会交际对个人的基本要求，是个体融入群体的重要资本。

礼貌待人既体现出对他人的尊重，也反映了人与人之间平等与友好的关系。一个懂文明讲礼貌的孩子，将来必定会有卓越的成就。

我国历来有"礼仪之邦"的美誉，礼貌待人是中华民族的传统美德，礼貌代表一个人的文明程度。尤其是在当今社会，当你具备了很好的礼貌习惯，掌握了相应的礼貌知识后，你做事就会很顺利，就能享受到生活的快乐和成功的喜悦；如果你没有很好的礼貌习惯，你就会被别人视为缺乏修养而被排斥，甚至惹出不愉快的事情来，自己也得不到丝毫的好处。正如列宁所说："礼貌是数百年来人们就知道的，数千年在一切处世格言上反复谈到的起码的公共生活原则。"因此我们必须养成礼貌待人的好习惯。

一个赶路的年轻人，遇到一位老者时，脱口问道："喂，老头儿！到××地还有多远啊？"老人回答说："不远了，还有两三百丈。"年轻人听了感到很奇怪，便又问道："喂，你们这个地方怎么不论'里'，而论'丈'呢？"老年人生气地说："小伙子，我们这儿本来也是讲'里'的，可自从来了个不讲'礼'的人就讲'丈'了。"

生活中有很多这样的例子：仅仅因为礼节上的疏忽，便使自己的形象在别人的心目中大打折扣。相反，一个有礼貌的人很容易就会被别人认可、接受，既可以给别人带来温暖，也会使自己变得十分愉快。学会礼貌，我们会觉得生活是和谐、有趣的，成功也会因此而变得不再遥远。

❷ 给孩子营造一个有礼貌的家庭氛围

礼貌是通过语言或行动表现出来的对他人的尊敬，反映了这个人的道德品质和文化教养，是内在美的表现，有的人相貌并不美，但很讨人喜欢，重要原因之一就是他对人态度文雅热情，说话文明和气，举止端庄大方，使人愿意亲近他。

> 一批应届毕业生到某单位实习参观，有一位服务人员给他们倒水时，22个同学中，21个表情木然，一句简单的客气话都没有，有的还问："有绿茶吗？天太热了。"等到单位领导来看望，并亲自送给他们单位印的纪念册时，这21个同学坐在那里一动不动，用一只手接过了领导双手递过来的纪念册，弄得领导很尴尬，脸色越来越难看。有一个叫刘刚的与这21个同学形成了鲜明的对比。轮到他时，他轻声说："谢谢！大热天的，辛苦了。"当这位领导快要没有耐心的时候，又是刘刚礼貌地站起来，身体微微前倾，双手接过纪念册，恭敬地说了一声："谢谢您！"
>
> 后来领导点名留下刘刚，这让刘刚自己都觉得偶然。但是，偶

然背后有必然。这恰恰是他不经意表现出来的礼貌素养。

礼貌是拉近自己和他人的一座桥梁，懂礼貌的人容易让别人接受，成为一个受欢迎的人。心理学家认为，礼貌归根结底是习惯的问题。一个不懂礼貌的孩子很可能会成长为一个不懂礼貌的大人，而不懂礼貌会使他在社会竞争中处于劣势，在工作中很难获得同事的尊重和友好协作，在生活中也不易获得友谊和自信。同时，孩子的礼貌程度一定程度上也体现着家庭的教育，所以让孩子学会懂礼貌是一件很重要的事。

但遗憾的是，礼貌常常被很多家长视为小节而忽视。在现实生活中，有些家长认为，现代社会是自由的社会，懂不懂文明礼仪没关系，只要学习好、有真本事就行了；也有些家长认为，小孩子天真无邪，长大了就会懂得文明礼仪的。其实，这些都是误解。

礼貌待人并不只是一种外在表现形式，而是沟通人与人之间友好感情的一座桥梁。礼貌要从小培养，否则就会形成坏习惯，一旦形成坏习惯，再改就很难了。俗话说："少成若天性，习惯如自然。"只要父母从思想上认识到这个问题的重要性，并在生活中给孩子以正确的引导，就一定能够培养出讲文明、懂礼貌的孩子。

1. 教孩子学会常用的文明用语

教孩子学会文明用语，是培养他们优良道德品质的重要内容。语言美能反映一个人的心灵美与高尚的情操。孩子年龄小，缺乏社会生活和交往的经验，不懂得什么是文明用语，也不会使用，父母要认真地教会他们。

蓉蓉同爸爸一起去商店买东西。"阿姨，请换一杯酸奶，好吗？"蓉蓉踮起脚，笑眯眯地请求售货员阿姨。蓉蓉很快拿着换回的酸奶来到爸爸身边。"蓉蓉，你后边的那位叔叔也换酸奶，阿姨没有像对待你那样痛快地换给他，你知道这是为什么吗？"蓉蓉摇了摇头，因为她没有注意到后边的叔叔。

爸爸告诉蓉蓉：那位叔叔没有礼貌，蓉蓉在换酸奶时用了个"请"字，所以，阿姨高兴地换给了蓉蓉。蓉蓉的爸爸着眼于关注女儿成功行为、正确行为，对此有目的、有重点地诱导。当女儿做出不礼貌的行为时，父母便与其一起分析原因，久而久之，在女儿的脑海中形成"条件反射"式的礼貌。

礼貌教育不仅是一般意义上的教育，还是一种素养培育。孩提时期是行为习惯形成的重要时期，家长应抓住这一有利时机，及早把孩子培养成讲文明、懂礼貌、有教养的好孩子。

具体内容如下：对父母、老师和其他年长者要称呼"您"；请求别人帮助时，要用商量的口吻说"请""劳驾"；当得到别人的帮助时，要说"谢谢"；当别人感谢时，要说"别客气"；当妨碍别人或给别人带来麻烦时，要说"对不起""麻烦您了""请原谅"；当别人赔礼道歉时，要回答"没关系"或"不要紧"；在街头巷尾碰到同伴、长者，要说"您好"，而不能低头侧身装作没看见；与别人分别时要说"再见"。

2. 及时制止孩子说脏话

说脏话是一种不文明的行为，是缺乏教养的表现，它直接影响人与人之间的交往。但是，有些家长却对孩子说脏话的行为熟视无睹，尤其是对那些刚开始学说话的幼儿，听到他们偶尔学说一两句脏话时，甚至感到很有意思，这是非常错误的，日长时久，孩子就很容易养成说脏话的恶习。对此，家长一定要引起重视，从小纠正孩子说脏话的坏习惯。

小燕的家里有一个不成文的规定：谁要是说脏话，其他人就用异样的眼光盯着他，直到他认错为止。这个方法是小燕的妈妈想出来的。有一次，小燕和一个同学发生了不愉快，回家就向妈妈发牢骚，并说了几句很不好听的话。妈妈当即用很尖锐的目光盯着小燕，小燕意识到是自己说了不该说的话，赶紧打住了。

当孩子在你面前说脏话时，你的态度应是及时地予以制止。因为如果你一开始就采取否定的态度，孩子会敏感地从你的眼神、表情和语言中捕捉到信息："这句话是不可以说的！"因此，对于经常说脏话的孩子，家长可与孩子达成一种默契：当孩子因气愤而想发泄时，家长用某种事先约定好的语言或目光暗示孩子，孩子这时就应冷静地想一想。孩子在这种情况下，冷静一分钟，就会考虑如何文明地表达自己的意思，把不文明的语言过滤掉。坚持这种在家长配合下孩子的自我教育训练，有利于孩子逐步纠正说脏话的不良习惯。

3. 为孩子树立榜样

孩子是否有礼貌不是天生的，而是后天培养的。孩子天生就喜欢模仿别人，所以父母在家里的时候要注意自己的言行举止，注意讲礼貌，给孩子树立一个好的榜样。

周末，老林在自家院子里除草。12岁的女儿琳琳看见后，关掉电视，来到院子里帮助父亲。由于是夏天，阳光火辣辣地照在大地上，一会儿，琳琳的脸就被晒得通红，而且左手被月季花的刺扎出了血，但琳琳毫不在意，仍然认真地帮助父亲拔除杂草。

琳琳的妈妈见女儿在院子里被晒得满脸通红，便拿了一顶太阳帽出来，并给琳琳戴在头上。

"琳琳，你妈妈给你送太阳帽，还亲自给你戴上，你怎么连一声'谢谢'都不知道说呢？"老林转过身来教训女儿道。

"爸爸，您总是一再要求我对别人讲礼貌，要说'谢谢'，可是我在太阳底下帮您拔草已有两小时了，你除了抱怨我干得不够好，对我说过一个'谢'字没有？"

"你……"老林怔住在那里。

父母是孩子的第一任老师，父母的一言一行都会直接影响孩子，无论在语言上还是行动上，家长都要率先垂范，做好榜样，切忌言语粗俗，整日牢骚满腹，或对孩子粗暴无礼等。

4. 教孩子文明待客之道

小杰平时表现很正常，可是每当家里有客人来，他就像个小皮猴似的，又蹦又跳，异常兴奋，并且谁的劝告也不听，令妈妈非常头痛。有一天，孙阿姨来家里做客，小杰一下子跳到沙发上，把沙发布使劲儿地揉了又揉，接着拿过玩具枪挥来舞去，一不小心碰到孙阿姨的胳膊，"哗啦"一下，孙阿姨手里端着的茶水溢了出来，弄了孙阿姨一身。

做心平气和的父母

小杰见自己惹了祸，悄悄回到自己的小房间去了。妈妈连声抱歉，孙阿姨嘴上说"不要紧"，但双方都笑得挺尴尬。妈妈很纳闷了，这孩子平时好好的，怎么家里一来客人就这样呀？

以上故事中的小杰并不是个坏孩子，可他不懂得待客的礼仪，所以，才让妈妈很没面子。

每个家庭都会有客人来，父母要给孩子讲解待客的规矩，让孩子懂得一定的行为规范，如亲友来访时，听到敲门声要说"请进"；见了亲友按称谓主动亲切问好，然后帮客人拿拖鞋、让座、倒水，如果大人之间有事要谈，孩子就要主动回避，不能在一旁插话，缠着父母；有小客人来，应主动拿出玩具给小客人玩；进餐时，客人未完全入席时不得动餐具自己先吃；客人离开时要说"再见"，并欢迎客人再来。

当家里来客人时，可以让孩子参与一些力所能及的待客活动，通过直接参与，不仅能满足孩子想要与客人接触的心理，还能使孩子待客的动作和技巧得到练习并逐步养成行为习惯。

俭以养德，让孩子养成勤俭的习惯

① 不提倡奢侈浪费的生活态度

勤俭节约是中华民族千百年来的传统美德。综观古今，凡是通过艰苦奋斗取得突出成就的人，都拥有节俭这种崇高美德。勤俭的人能够更好地致富，节约的人能够更好地守财，一个人只有具备了致富与守财的能力，才能让自己永远不为财富发愁。因此，父母要从小就培养孩子勤俭节约的好习惯。

> 宋朝的史学家司马光，出生时，父亲已51岁，任河南光山县县令。他的父亲未因老来得子而溺爱他，而是从小就对他进行严格的家庭教育，让他以俭为美，以俭为乐。后来，司马光身居高位，由于父亲的教诲，他始终过着俭朴的生活，"食不敢常有肉，衣不敢纯有帛"。司马光不仅自己保持节俭的好习惯，还教育子女不要铺张浪费，不要为社会上的奢靡风气所感染，并举出若干品德高尚、有远见卓识的官员节俭的例子对子女进行教育。

节俭作为一种生活方式，体现了一个人的生活态度、理想信念、价值观念和作风形象。节俭不是吝啬，而是美德，有助于一个人修身养性、陶冶情操，也是一个人事业有成和发展的重要因素。

做心平气和的父母

我国有句老话：成由勤俭破由奢。随着人们生活水平的提高，一些孩子花起钱来大手大脚，生活上追求享受，物质上随便浪费，毫无节俭意识，不由得让人担心。这些孩子不知道父母每天在忙些什么，不知道自己吃的穿的用的是哪儿来的，反而觉得自己吃好穿好用好是天经地义的。孩子们大手大脚花钱，奢侈浪费，如果不好好教育引导，难以成才，更难以成人。

某教师教导学生生活要朴素，不要在生日聚会大摆宴席，广邀同学，谁知，学生却说："那多寒酸啊！岂不是丢了我的面子，伤了我和朋友的感情？"

某家长拿起一只用完的牙膏壳，随口说了句："卖到废品回收站去。"谁料，孩子竟然一把夺过扔出窗外，回了一声："小气！"

在某所小学里，教师和校工在校园内捡拾的物品堆满了一间教室，大至皮夹克，小至铅笔、橡皮。学校多次广播要求学生去认领，却没有人去。在一次家长会上，校领导讲了这件事，最后只有几位家长带着孩子去认领，其他物品仍旧堆放在教室里无人问津。

某校餐厅，同学们端着自选的三菜一汤不锈钢快餐盘陆续就餐，但是很多同学鸡腿咬几口，蔬菜挑几筷，饭也没见怎么动，就算吃完了，然后各自端起餐盘走到食堂门口往泔水桶里一倒，盘子往边上桌子上一放，一顿中饭就算结束了。

孩子不懂得节俭，不能全怪孩子，责任也在家长身上。很多家长出于疼爱孩子，迁就孩子花钱自不必说，就连家长自身也往往产生了非合理消费的心理——攀比、从众、追时髦、喜新厌旧等。此外，有些人对节俭与奢侈存在一些误解，认为节俭是贫穷的产物，以奢为荣，以俭为耻，凡事爱讲排场，其实他们并未真正理解节俭的意义。节是节制而有度，俭是节约不浪费，这种理性的生活态度，是无论古今、穷富都值得大力提倡的。

② 给孩子灌输节俭是美德的意识

有一位母亲说：我女儿在两岁时，有一天，孩子吃包子，先吃了包子馅，然后趁大人不注意，把她不愿意吃的包子皮扔在垃圾筐里。我发现后，很生气，第一次狠狠地打了女儿一顿。打完后，我一边流泪，一边告诉孩子，不爱惜粮食是多么令人痛心，浪费其实也是一种犯罪，做人要养成节俭的好习惯。尽管当时孩子并不完全理解我的心情，也不明白浪费的严重后果，但是她从自己的所作所为引起我的强烈不满和十分痛苦的表情中，感觉到自己的行为是不对的。在她幼小的心灵中深深地刻下了"不能浪费"的意识，牢牢地记住再也不能这样做了。

培养孩子的节俭习惯，是家庭教育中不容忽视的一个重要课题。古人云：勤能补拙，俭以养廉。无论社会发生了怎样的变化，孩子应该从小就继承勤劳节俭的优良传统，让节俭的习惯伴随其一生，这是他们日后走向成功所不可缺少的。所以，家长应从自身做起，为孩子灌输节俭是美德的意识。即使在物质生活富裕的今天，也不要让孩子精神变得贫乏。而应让孩子记住"节约光荣，浪费可耻"这句话，帮助孩子从小养成节俭的好习惯。

1. 为孩子树立勤俭的榜样

孩子的言行受父母影响很大。生活在什么样的家庭孩子就会养成什么样的生活习惯，如果父母知道节俭，不浪费，孩子自然就能学会勤俭节约。

某小学以前是在学期初统一派发新的作业簿给学生用的。新学年开始了，同学们都把刚做作业的新作业簿交到老师处，但有一个学生所交的作业簿有点特别，亦新亦旧。说它新，是因为这个学生

做心平气和的父母

刚做的作业也是从作业簿的第一页做起；说它旧，是因为这个作业簿与其他同学的不一样，是一个制作不太精良的旧簿，封面上写着的年级、班别还是上一学年的哩！原来，这个学生的作业簿是自己亲手制作的，封面来自上学年的旧作业簿，内页是从以前还未用完的作业簿上撕下的空白页。由于他每年都这样做，现在，他省下了读到初中也用不完的新作业簿。或许有人会问，这是否家长刻意教他这样做？不是，这完全是那个小学生自己想出来的办法。这个小孩之所以会这样做，完全是因为受父母平时的影响。虽然小孩的家有高大的楼房和小汽车，但他的父母在生活中依然非常俭朴：五六年前的衣服，只要仍未破烂，在平时还会经常穿，只有在外出的时候，才换上像样一点的衣服。撕下的旧日历纸是孩子父亲的草稿纸，淘米水是孩子母亲的"洗面奶"，这"洗面奶"最后还成为蔬菜的农家肥……所有这生活的点点滴滴，无不潜移默化地影响着那个孩子幼小的心灵。所以，大家都不应怀疑他能有制作出这种亦新亦旧的作业簿的创意。父母没有亲自示范装钉这种亦新亦旧的作业簿，故此他不能直接模仿，但他能模仿到是父母那种勤俭的习惯。

家长是孩子最好的榜样，也是孩子最好的老师，孩子最初的种种行为表现主要都是从父母身上模仿的。无论家里贫穷还是富有，父母都应严格要求自己，尽量做到节俭朴素，精打细算，如珍惜粮食，节俭用水、用电等，在孩子面前起到表率的作用。

2. 不要让孩子乱花钱

欧内斯特·海明威是美国著名作家，他十分注重孩子好习惯的培养。一天，他的儿子格雷戈里告诉海明威，他每天都拿出时间去做一些有意义的事。事实上，他所谓有意义的事，不过是每天都在一家饭店订一份大餐，然后把这份大餐拿去喂附近池塘里的鸭子。

海明威知道此事后，把儿子叫到他的房间里，对他说："孩子，你可以用钱买到自己喜爱的东西，但我们并不是一直有那么多的钱，因此你必须节约才行。如果你不明白这些道理，就会养成大手大脚花钱的习惯。"

听了海明威的话，儿子的脸一下子红了。海明威语气有些舒缓地说："从下个月开始，我会限制你花钱，每个月最多给你3美元零花钱。孩子，你不能再毫无节制地乱花钱了。要知道俭朴是一种良好的文明习惯。"

不乱花钱是俭朴的表现。父母要让孩子从小就养成不乱花钱的习惯，懂得钱来之不易，把每一分钱都用到合理的地方。

另外，家长要如何指导孩子合理使用零花钱呢？首先，家长给孩子零花钱要有计划，要限制数额，不应有求必应，应根据孩子年龄大小、实际用途和支配能力，定时定量给予。其次，家长要问清每次钱花在哪里，如果最近钱的去处无法说明，家长应暂停"发放"，弄清楚钱的去处再考虑"发放"。

3. 尊重他人的劳动成果

节约体现了对劳动和劳动成果的尊重。古人云："一粥一饭，当思来处不易；半丝半缕，恒念物力维艰。"也就是说，要珍惜劳动成果，勤俭节约。家长要让孩子明白珍惜劳动成果的道理，培养他们良好的道德情感和节俭的习惯。

"一个人生活越节约，他的心灵与上帝越接近。"这是卡尔·威特的父亲对卡尔说的话。卡尔的父亲就是一个节约的人，他把卡尔也教育成这样的人。在他们家里，向来奉行节约，从小卡尔就知道不能浪费一粒粮食，吃饭时要把盘子里的东西吃得干干净净。

做心平气和的父母

一次，卡尔去一个朋友家做客，晚餐时，厨师为朋友的女儿特别做了一盘酸奶油蘑菇，小女孩却一口也不吃，将这盘菜全都倒掉了。

见此，卡尔忍不住说道："真浪费呀！这么好的蘑菇不吃就倒掉。"

"有什么浪费，树林里多的是。要吃的话，明天叫人再去采就是了。"小女孩说。

"可是去采也是很辛苦的呀！你这是不尊重别人的工作。"

"不会啦！有什么辛苦呢？采蘑菇是一件很好玩的事呀！"

"真的吗？那我们两个人把这个星期采蘑菇的工作承包下来，怎么样？"

"好啊！我正想去森林中玩呢！有你和我一起，爸爸一定会答应的。"

于是，每天早晨，卡尔和小女孩都去五英里之外的森林采一篮蘑菇回家。开始的两天，小女孩的兴致很高。第三天小女孩有些受不了了，开始叫苦叫累，第四天她就坚持不下去了。她说她腰酸背痛不能去了。

不过，这几天，不管蘑菇做得味道如何，她都能吃得干干净净、一片不剩。偶尔她的父亲要扔掉一片，她都阻止道："哎！太浪费了，你不知道我采得多辛苦吗？"从此之后，她明白了，节约是对劳动的最大尊重与珍惜。

在日常生活中，父母应该让孩子懂得所吃、所穿、所用都是来之不易的，都是人们用汗水和心血创造出来的，随意浪费是不珍惜劳动果实、不尊重劳动的表现。家长应该教育孩子珍惜一滴水、一度电、一张纸、一块橡皮、一支铅笔等，从点滴小事做起，习惯成自然，自觉珍惜劳动成果。

懂得谦虚的孩子，才能更快地进步

1 谦虚使人进步

自古以来，谦虚是一种美德，也是为人处世的一种方式。父母教育孩子学会谦虚，对孩子成长是很关键的。俗话说："谦虚使人进步，骄傲使人落后。"这是千年不变的恒言。看看古今中外那些先哲伟人，即使取得了令人瞩目的成绩，也绝少有人因为自己具有足够的资本而狂妄的；相反，他们是非常自知又非常谦虚的。

但在现在的社会家庭环境中，一些孩子往往不能正确地对待荣誉与成绩，他们会因为骄傲自大而看不起别人，偶有一点进步就沾沾自喜，把别人看得一无是处；他们听不进别人的善意批评，总是处于盲目的优越感之中，逐渐地放松对自己的要求，导致成绩下降，表现也就不再那么优秀了，这对孩子的成长是极为不利的。

在深圳某重点中学里发生过这样一件事：音乐课上，实习老师刚走出教室，"啪"的一声脆响，一本书被狠狠地摔在课桌上，"有几个音弹错了，颤音也没唱出来，这样的水平还来教我们！"惊愕的目光都聚集在他——田宁的身上。他是学校的艺术骨干，从小深受执教于音乐学院的母亲的影响，弹得一手好钢琴，在声乐、舞蹈

做心平气和的父母

方面也不错,曾多次代表学校参加文艺演出或比赛并获奖。

田宁不仅有文艺特长,而且写得一手好文章。但就是这样一个好学生,同学们都不太喜欢他,背地里都叫他"冷血王子"。为什么呢?原来除了几个亲密的伙伴外,他不大爱同其他同学讲话。当有同学问他问题时,他总是很轻蔑地说:"这么简单的问题需要问吗?!"长此以往,没有同学愿意理他了。

另外,田宁的家境非常好,他的妈妈甚至专门带他去国外买衣服,因此打扮入时的他有很强的优越感,经常挑剔讥讽其他同学。一旦某位同学穿得漂亮一点,他就会很不屑地说:"地摊儿货,瞧那穷酸样儿。"他也有自己的弱项——体育运动。但他不仅不力求改善,反而认为有体育特长的人都是"头脑简单,四肢发达",并对他们嗤之以鼻。

生活中,像田宁这样的孩子并不少见,通常这些孩子看不起别人,总认为自己比别人强得多,把别人看得一无是处。对这样的孩子,家长应该及时予以纠正,让他们正确地认识到自己存在的问题。

骄傲是谦虚的对立面,是前进的大敌。即使再有才华的人,也不能忽视这一点。骄傲自大只会对孩子的发展产生消极影响,唯有谦虚才是孩子成功的基石。

谦虚是人类的一种优良品质,无数成功的案例已经证明,只有谦虚的人才能做出伟大的成就。一个人不管自己有多丰富的知识,取得了多大的成绩,或是有了何等显赫的地位,都要谦虚谨慎,不能自视过高。只有心胸宽广,博采众长,才能不断地丰富自己的知识,增强自己的本领,进而创造出更大的业绩。

法国资产阶级启蒙思想家孟德斯鸠说过:"谦虚是不可缺少的品德。"谦虚的品格,能使一个人面对成果、荣誉时不骄傲,把它视为一种激励自己继续前进的力量,而不会陷入荣誉和成果的喜悦中不能自拔,把荣誉当成包袱背起来,沾沾自喜于一得之功,不再进取。

卡尔·威特生下来后发育迟缓,但他的父亲老威特运用一种与众不同的教育方法,使小威特8岁时,就已经掌握德语、法语、意大利语、拉丁语和希腊语五种语言,同时,小威特还通晓动物学、植物学、物理学、化学,尤其擅长数学。小威特在9岁时就考上哥廷根大学。当他未满14岁时,就被授予哲学博士学位。16岁时又获得法学博士学位,并被任命为柏林大学的法学教授。

对于这样一个才华出众的儿子,父亲老威特非常注意培养孩子谦虚的品质,他不让任何人表扬他的儿子,生怕孩子滋长骄傲自满的情绪,从而毁了他的一生。

为了防止儿子骄傲自满,老威特下了很大的功夫。他不仅自己不表扬孩子,也不让别人表扬他。每当有人要夸奖儿子时,他就把儿子支出屋子不让他听。他担心过多的赞扬会毁了儿子,而且很多人的赞扬往往不是出于真心实意,而只是一些奉承话。威特长大后,父亲就常常对他说:"知识能博得世人的称赞,而善行只能得到上帝的称赞。世界上到处是没有学问的人,由于他们自己没知识,所以一见到有知识的人就赞不绝口。然而世人的赞赏是反复无常的,既容易得到也容易失去。而上帝的赞赏是由于行善才得到的,来之不易,所以是永恒的。因此,不要把世人的赞扬放在心上。喜欢别人赞扬的人必然要忍受别人的诽谤。仅因为别人的评价而欢喜或苦恼的人是愚蠢的。因别人的诋毁而悲观的人固然愚蠢,但稍受赞扬就忘乎所以的人则更愚蠢。"

老威特时常告诫儿子:"一个人无论怎样聪明、怎样有知识,与无所不能的上帝相比,只不过是一粒尘埃。有了一点知识就骄傲

做心平气和的父母

自大的人,其实是很可怜的。奉承的话大多是假的。但说来可笑,这虚假的奉承话竟然是世人说得最多的。因此,如果谁完全相信这种话,那他就是个糊涂虫。"

老威特就是用这种方法来教育威特不要妄自尊大,在外人看来,做父亲的似乎有些不懂人情世故,但他的这种教育却获得了极大的成功。

谦虚是一切美德的根本,只有谦虚的人才可以接受更多的知识和能量,获得更大的进步。苏联科学家巴甫洛夫在给青年人的一封信中这样写道:"无论在什么时候,永远不要以为自己已经知道了一切。不管人们把你们评价得多么高,你们永远要有勇气对自己说:我是一个毫无所知的人。切勿让骄傲支配了你们。由于骄傲,你们会在应该统一的场合固执起来;由于骄傲,你们会拒绝有益的劝告和友好的帮助;由于骄傲,你们会失掉客观的标准。"的确,人一旦自恃高傲,就会自以为是,就会把视野局限在一个小圈子里,如井底之蛙一般。这样,就会严重阻碍自己继续前进的步伐。

❷ 教孩子认清谦虚的好处和狂妄的危害

谦虚是孩子成长路上的朋友,而骄傲是成功的敌人。人人都喜欢谦虚的人,而不会与自以为是的人为伍。所以父母要培养孩子从小谦虚的习惯,要让孩子戒骄戒躁,在谦虚中不断汲取知识,不断取得进步。

1. 让孩子认识到骄傲的危害

孩子出现骄傲自大的坏习惯往往是过高地估计了自己,认为自己比谁都强,只看到自己的长处,看不到自己的短处,拿自己的长处比他人的短处。因此,父母应耐心地教导孩子,让孩子认识到骄傲的危害,督促他们改正骄傲自大的坏习惯。

第四章 不吼不叫，培养孩子良好的习惯

小约翰是聪明自大的孩子，在一次朗诵比赛中，他获得了班级的最佳朗诵奖，心里像吃了蜜一样甜。回到家后，他把朗诵稿交给保姆，得意地对她说："玛丽，你念一段给我听听，怎么样？"

这个善良的保姆拿起朗诵稿，仔细地看了一遍，然后结结巴巴地说："小约翰，我不认识这些字。"

小约翰更加得意了，他快速地冲进客厅，得意忘形地对父亲喊道："爸爸，玛丽不识字，可是我这么小，就得了朗诵奖状，这是多么了不起啊！再看看玛丽，拿着一本书却不会读，这太可怜了，我不知道她心里是什么滋味。"

父亲皱着眉头看了看得意忘形的小约翰，没有说一句话，他走到书架旁，拿下一本书，递给他说："你看看这本书，就能体会到她心里的滋味了。"那本书是用拉丁文写的，小约翰一个字也不认识，他的脸涨得通红，手足无措地站在那儿，一句话也说不出来。爸爸仔细地看了看他，然后严肃地说："没错，玛丽不认识字，可是请记住，你也不会念拉丁文！"

小约翰永远都不会忘记那次教训，无论什么时候，只要想在别人面前吹嘘的时候，他就会立刻提醒自己："记住，你不会念拉丁文！"

这位父亲是非常明智的，他没有纵容儿子的自负情绪，而是适时地向儿子泼冷水，让儿子重新认识自己、评价自己。

每个人取得良好的成绩后，都会喜出望外，因此往往在不觉中，就显现了骄傲的情绪，孩子更是如此。当孩子产生了虚荣和骄傲自大的盲目心理时，父母要找准时机，耐心地引导孩子，让孩子知道骄傲自满只能带来失败，及时指导孩子谦虚做人。

2. 教育孩子虚心求教、不耻下问

虚心求教，不耻下问对培养孩子的谦虚心非常重要，也是教育孩子探求知识的方法和路径。从古至今，饱学知识的学者都是勤学好问的典范。

孔子学问渊博，可是仍虚心向别人求教。有一次，他到太庙去祭祖。他一进太庙，就觉得新奇，向别人问这问那。有人笑道："孔子学问出众，为什么还要问？"孔子听后，说："每事必问，有什么不好？"

虚心求教、不耻下问是获得真知的最有效途径，也是实现自我提升的有效途径。孔子曰："三人行，必有我师焉。"家长一定要让孩子明白这个道理。要善于发现别人的长处，虚心向别人学习。一个成功的人，并不是天生就具备非凡的能力的，而是通过向他人学习、取其所长，才逐步优秀起来的。所谓"成功是经验的累积"便是这个意思。一旦孩子具备这种好习惯，就会认真对待自己的学习和生活，这种态度决定孩子会有谦虚之心，对孩子未来的发展能起到积极的作用。

3. 给孩子做出谦虚的表率

父母是孩子的第一任老师，是孩子仿效的最直接的榜样，父母应该成为孩子高尚人格的榜样，要谦虚友善，不要在孩子面前表现出骄傲情绪，以免让孩子受到不良影响。

> 一天，居里夫人的一个朋友到她家做客，忽然看见她的小女儿正在玩英国皇家协会刚刚奖给她的一枚金质奖章，不禁大吃一惊，忙问："居里夫人，现在能得到一枚英国皇家协会的奖章是极高的荣誉，你怎么能拿给孩子玩呢？"
>
> 居里夫人笑着说："我是想让孩子从小就知道，荣誉就像玩具，只能玩玩而已，绝不能永远留着它，否则将一事无成。"

父母教育孩子学会谦虚做人，首先就要给孩子做一个谦虚的表率。父母

第四章 不吼不叫，培养孩子良好的习惯

如果骄傲自满，妄自尊大，孩子自然不知谦虚为何物。因此，父母要给孩子做出榜样，孩子看得多了，听得多了，自然就学会了父母谦虚做人的态度与行为。

做心平气和的父母

勤奋出佳绩，
让孩子养成勤奋努力的习惯

① 勤奋是一个人成功的基石

在《洛克菲勒留给儿子的三十八封信》一书中，作者提出了这样一个观点：勤奋出贵族。他认为，那些享有地位、尊严、荣耀和财富的贵族，都有一双勤劳的手，都有一双坚强有力的臂膀，在他们身上都凸显毅力和散发顽强意志的光芒。而正是这样的品质或称财富，让他们成就了事业，赢得了尊崇，成为顶天立地的人物。事实上，洛克菲勒正是通过勤奋努力及卓越的经商才能，建立了庞大的商业帝国——标准石油公司。他曾告诫自己的儿女："财富是意外之物，是勤奋工作的副产品。每个目标的达成都来自勤奋的思考和勤奋的行动，实现财富梦想也如此。"

有三个高中一年级的学生，到电脑城游玩时，在一台电脑前做了一个智商测试。

甲某首先进行智商测试，电脑显示：您的智商直逼爱因斯坦，前途无量。甲某十分高兴。接着乙某的智商测试结果也出来了：您的智商有如常人，请多多努力。乙某不愠不恼。当轮到丙某进行智商测试时，电脑显示：您的智商不及格，一切努力徒劳无益。丙某十分悲伤沮丧。

从电脑城回来后,丙某下决心努力学习,奋发向上;乙某见丙某勤奋,也跟着加倍努力;只有甲某天天欣赏着自己的智商,坐等"前途无量"的结局。

三年后,丙某考上了北京某著名学府,乙某也考上了省内的重点大学,甲某却名落孙山。他们三个又到电脑城进行智商测试,结果与上次完全相同。这时丙某哈哈大笑,乙某仍不愠不恼,甲某却恼羞成怒,一拳砸在电脑上。电脑挨了一拳,屏幕显示:"打我没用!智商不等于成功,努力才是关键!"

通过上述事例可以看出,成功与智商没有必然联系。智力是一种前提条件,要想创造辉煌的人生,还要依靠后天的勤奋努力。

天道酬勤,没有人能只靠天分成功。上帝给予每个人天分,勤奋将天分变为天才。许多有成就的人在总结成功经验的时候总是不忘强调勤奋的作用,勤奋与智慧是一对双胞胎,它们总是如影随形。高尔基说过:"天才就是勤奋。人的天赋就像火花,它既可以熄灭,也可以燃烧,而迫使它熊熊燃烧的办法只有一个,那就是勤奋。"爱迪生也说过:"天才是百分之一的灵感加上百分之九十九的汗水。"这些名言都在反复告诉我们这样一个永恒的真理:一个人能否取得成功,不是看他有多高的天赋,而在于他是否勤奋。

勤奋是一所高贵的学校,所有想有所成就的人都必须进入其中,在那里可以学到有用的知识、独立的精神和坚忍不拔的品质。事实上,勤奋本身就是财富,假如你是一个勤劳、肯干而刻苦的人,就像蜜蜂一样,采的花粉越多,酿的蜜也就越多,你享受到的甜美也越多。

② 勤奋的孩子成绩不会差

在剑桥大学读书的孟雪莹就是一个靠勤奋获得成功的例子。
孟雪莹是一个勤奋的女孩,她最看不起那些守株待兔、凡事总想不

做心平气和的父母

劳而获的人。在她小时候爸爸妈妈给她讲"头悬梁，锥刺骨"勤奋读书的故事来教育她，她听得特别认真。上学以后，她每天早晨六点半起床，在庭院里早读半小时，七点钟吃完饭去上学，十一点半放学回家，午睡一小时，晚上六点半去上晚自习，经常自习到十一点半才洗漱上床睡觉。她的饮食起居都很有规律，而且她始终保持着这样的作息。由于在教室里上自习，一方面有老师的辅导，另一方面大家在一起学习，也比较有气氛，所以，孟雪莹每天晚上都坚持去学校上自习，即使有时候身体状况不好，她还是执意要去。孟雪莹小小的年纪就对勤奋有着自己的看法。读高中时，她在日记本里这样写道：理想好立，目标好定，但难的是实现目标的过程。人多多少少有点惰性，在目标确定时，信誓旦旦，但真正实施目标的时候，却只是 3分钟热度……学习的确是一件苦差事，作为一名学生，每天披星戴月地学习，所以事实上，我们是一群很难见到太阳的人。在高强度的学习压力下，只有锻炼好自己的毅力，刻苦勤奋才能在成功的路途上迈出坚实的一步。

孟雪莹在日记中是这样写的，在实践中也是这样做的。有一次，她患了重感冒，晚上她不顾发烧坚持去上自习。鉴于她身体欠佳，爸爸妈妈不同意她去，但是她一副很洒脱的样子，说自己的感冒已经好多了，所以一定要去上自习。上完自习回来，上床休息之前，她还一再嘱咐妈妈第二天早晨六点半如果她还没有起床，就务必叫醒她，因为自己还没有背书。这些小事虽然琐碎，但就是这样的小事才能真正体现一个人的刻苦勤奋的优良品质。孟雪莹后来成功地走进剑桥大学，为人羡慕，其实光环的背后都是极其普通的勤奋刻苦的琐碎小事。正如孟雪莹自己在日记中写的："成功的取得更大程度上是依赖于在实现理想过程中，谁付出的勤奋和汗水多一些，谁的毅力更强一些，谁坚持得更久一些。"

勤奋是成才的金钥匙，是成才的第一推动力。唯有勤奋才能帮助你做出非凡的事业来，也唯有勤奋才能成全你的人生和事业。

懒字当头万事难，勤字当头万事易。勤奋是一个人走向成功的坚实基础。对孩子来说，具备勤奋这种可贵的品质，孩子就会自强不息，顽强奋斗，就等于成功了一半。因此，父母要从小开始培养孩子勤奋的美德。勤奋地做人，勤奋地做事，勤奋地学习和积累——唯有勤奋的人才会为了理想而甘心付出汗水。

1. 培养孩子勤奋学习的品质

佳佳并不是一个十分聪明的孩子，甚至比其他孩子显得笨一点儿，别人学半小时就会的东西，佳佳也许会花一小时才能学会。但是在学校，佳佳总是能考出好成绩，常常拿着满分的成绩单开心地向父母报喜。

其他父母都很奇怪，为什么看上去不太聪明的佳佳总能取得好成绩呢？原来是因为佳佳的妈妈总会适时地鼓励她，她常常对佳佳说："好成绩都是努力得来的，其实别的孩子都没有你学得快，只是他们都躲在家里偷偷学呢，你要是和他们一样努力你也是很聪明的孩子。"于是佳佳深信了妈妈的话，做任何事情都十分努力。有的时候，课堂上老师讲的知识佳佳不太懂，下课后佳佳就把不懂的地方拿去问老师，让老师再讲一遍，作业错了，就再做一次，直到做对为止。佳佳的勤奋让妈妈十分欣慰，也获得了老师的喜爱，常常给佳佳做一些指点，开开"小灶"，佳佳的学习越来越好，信心也越来越足，没有人再说佳佳是个笨孩子，人人都夸奖佳佳的勤奋与聪明。

勤奋是孩子的良好品质，它对促进孩子的学习有重要作用。孩子只有从

做心平气和的父母

小养成勤奋学习的习惯，才会拥有光明灿烂的未来。勤奋不仅包括了学习时的态度，也包括学习专业知识时注重的深度和广度，还包括广泛涉猎教科书以外的知识。孩子掌握知识的多与少，完全取决于他的勤奋程度。所以，家长应从小教育孩子拥有勤奋好学的优良品质。

2. 对孩子的勤奋努力表示赏识

跟同龄人相比，周玲并不算是一个聪明的孩子，为此，她的父母非常担心她以后能否跟上其他孩子的学习进度。周玲上小学了，正当父母都认为周玲不会有好成绩的时候，周玲却带回了一张100分的试卷。这是一张数学测验的试卷，上面被老师画满了红色的对钩。

"这是你的试卷吗？"妈妈有些不相信地问周玲。"当然是我的，不然会是谁的呢？"周玲自豪地对妈妈说。"周玲真不错，告诉妈妈你是怎么考出这么好的成绩的？"妈妈问道。

"老师讲课的时候我经常听不太懂，所以下课后同学们都出去玩，我就把不懂的地方拿去问老师，老师再给我讲一遍，我就全懂了！做作业的时候如果有不会做的题，我就把老师讲的课再复习一遍，不会做的题也就会做了。所以考试的那些题目我都会做，就考了100分。"周玲高兴地对妈妈说。听了周玲的话，妈妈更自豪了，虽然自己的孩子算不上聪明，却如此好学和努力。

好孩子是夸出来的。父母赏识孩子的勤奋行为，孩子就会变得更加勤奋。父母可以抓住适当的时机，通过言辞，承认孩子的努力、耐力和勤奋。

3. 给孩子讲关于勤奋的故事

孩子都喜欢听故事，实践证明，用讲故事来教育孩子是最乐于被孩子接受的形式。为了培养孩子的勤奋习惯，父母可以通过讲解下面的小故事来指导孩子。

> 东晋大书法家王羲之，为了练好书法，每天都要求自己练字，练完后就在家附近的一口池塘里洗毛笔，就这样日复一日，竟将整口池塘的水染成了黑色。正是因为王羲之的坚持与勤奋，他才被人称为"书圣"。
>
> 我国著名生物学家童第周，上中学时，考试不及格，老师要让他留级，同学们也笑话他，但他不悲观失望，而是发奋学习，最后取得了优异成绩。出国留学时他又刻苦钻研，为中国人争了气，成为我国著名的生物学家。

故事是孩子良好的学习教材，父母经常给孩子讲解名人成长的故事，可以激发孩子的勤奋精神。当讲完故事后，父母可以先问问孩子的感想，然后告诉他道理，如"勤奋是做人的根本""聪明在于勤奋""天才在于积累"等。

第五章

不逼不迫，开发孩子的天赋和潜能

做心平气和的父母

找准孩子的兴趣点

① 天才是从兴趣开始的

广泛的兴趣爱好对人的一生影响是巨大的。对孩子来说,更为重要。一项研究表明,兴趣可以使孩子的大脑处于最活跃的状态,可以增强孩子的观察力、注意力和记忆力。可见,兴趣是一种学习态度,也是孩子智力发展必要的心理条件。它既能增加孩子的生活乐趣,陶冶孩子的性情,提高孩子的文化素养,又有助于孩子的身心健康成长。

兴趣是孩子最好的老师,日本的木村久一说过:"如果孩子的兴趣和热情得以顺利发展,就会成为天才。"遗憾的是,许多父母对孩子进行早期教育的过程中,往往忽视对孩子兴趣的培养,在孩子的许多兴趣刚刚萌芽时便将它无情地扼杀了。其实,凡是发育正常的孩子,大多五六岁时就开始对某一方面表现出特殊的敏感和强烈的好奇。倘若父母能迅速及时地捕捉孩子的"兴趣点"顺势予以引导,就为孩子成才打开了通道。

中国台湾地区著名漫画大师蔡志忠的绘画天赋就是在他幼儿时期的涂抹中被他父亲发现的。

记不清是从哪一年开始,小蔡志忠对漫画产生了浓厚的兴趣,小学课本和作业本的空白处,到处都活跃着他信手涂鸦的小人国。父母发现这些小人国里蕴含着孩子生动的空间想象力和极高的绘画天赋，于是便想方设法使孩子在绘画方面得到发展。

英国著名数学家和物理学家麦克斯韦的数学才能，也是在他幼儿时期通过绘画而被父亲发现的。有一次，麦克斯韦的父亲让他画一只插满金菊花的花瓶写生画。当麦克斯韦认真地画完后，父亲发现整张纸上画的都是几何图形：花瓶是梯形，菊花是大大小小的一簇簇圆圈，而那些歪歪斜斜的三角形表示的是叶子。这张充满想象力的画，使父亲觉得麦克斯韦可能有发展数学才能的天赋。这种推测是有道理的，因为这幅画里蕴含着孩子生动的空间想象力，反映出麦克斯韦处于萌芽状态的、十分可贵的几何图形的抽象能力。

❷ 鼓励孩子有广泛的兴趣

兴趣是孩子学习的原动力，孩子只有有了兴趣，才能产生主动学习、主动探究的意愿。著名行为学家伯特·杜邦博士说："兴趣是打开潜能的钥匙。"父母教育孩子的目的，就是要把孩子培养成为一个有能力的人和一个有能力创造成就的人。兴趣能为孩子打开能力之门，父母所要做的就是去发现孩子的兴趣，让兴趣引领出孩子无限的潜能。

兴趣是人对客观事物的一种带有情绪色彩的认识倾向。一旦孩子对某事物产生兴趣，强烈的求知欲就会进一步促使孩子主动学习，取得事半功倍的效果。

有一个旅美华人，对孩子的作业大加感慨。

他的儿子刚上小学六年级，有一次，当这位父亲查看孩子的作业时，发现老师给儿子留了这样一份作业：

"你认为谁应该对第二次世界大战负有责任？"

"你认为纳粹德国失败的原因是什么？"

"如果你是杜鲁门总统的高级顾问，你将对美国投放原子弹持什么意见？"

"你是否认为当时只有投放原子弹一个办法可以结束战争？"

"你认为今天避免战争的最好办法是什么？"

这位父亲感到惊奇："这哪是给小学六年级学生的作业，分明是竞选参议员的前期训练！"但是，这位父亲并没有对孩子说出自己的想法，而是静下心来思考美国老师布置这项作业的道理。最后，他发现，美国老师正是在这一连串提问中，引导孩子把视野拓宽，让孩子学习从高处思考和把握重大问题的能力，同时，在这些提问中，向孩子们传输一种人道主义的价值观。实际上，这些问题在课堂上没有标准答案，答案需要孩子们自己去寻找。

当这位父亲看着 12 岁的儿子为了完成这项伟大的作业而兴致勃勃地看书查资料时，感到非常欣慰，因为他根本不用担心孩子做作业时会磨蹭，注意力会不集中，也不用为孩子的学习操心受累。因此，这位父亲不由得发出这样的感慨："在孩子追求知识的过程中，激发孩子的兴趣，让孩子主动、快乐地学习，孩子才能有自己的思考，才会不用父母提醒也能专心于自己的学习。"

兴趣是孩子认真学习的持久动力。对学习有兴趣，便能产生强烈的参与意识，把学习当作一件快乐的事，乐此不疲，学习效果自然就好。如果对学习不感兴趣，学习效果就差。由此可见，激发孩子的学习兴趣对学习是多么地重要。

兴趣是打开潜能的钥匙。每个孩子都是天才，但他们的天赋往往是潜在的，需要不断地培养才能得到充分的发挥。而培养兴趣的办法就是鼓励他们有广泛的兴趣，在各种兴趣爱好中逐渐找到最适合自己的，并通过不断的努力发掘出自己的天赋。

1. 为孩子的兴趣创设一定的环境条件

王涛在很小的时候，父亲就发现他对乒乓球有极大的兴趣和爱好，于是千方百计地为他创造各种条件，经常带他看乒乓球比赛，每天陪他练球，送他进业余体校，最终，王涛成为乒乓球奥运冠军。

孩子在日常生活中对某些事物表现出兴趣或者天赋时，父母不仅要适时地鼓励和赞赏，还要为他创造一定的环境条件。比如，孩子喜欢画画，家长就要为他购买画画用具和相关方面的书籍，培养他的兴趣。在孩子愿意的前

做心平气和的父母

提下，还可以送他去培训班学习。

2. 尊重孩子的个人兴趣

有一对夫妇观看了一场由丹麦12岁的音乐"神童"演奏的钢琴音乐会，除了羡慕不已，他们还下定了决心，也要将儿子培养成为一名钢琴"神童"。

他们省吃俭用两年多，终于攒下一笔钱，为儿子买回了一架钢琴。他们的儿子一出生就对音乐不感兴趣，乐感也非常差，但是父母逼着他必须培养弹钢琴的兴趣。

母亲每周两次陪着儿子到钢琴教师家去学习两小时。为了对儿子练钢琴能起到监督作用，只有一点点简谱底子的父亲还去"加强班"进修了两个月的五线谱。

然而，尽管父母费尽了心机，但一看到钢琴就头大的儿子练琴时如坐针毡。为了让儿子坐到钢琴凳上，用他母亲的话说："不打一顿，也得数落10分钟。"即便如此，儿子对钢琴仍然没有丝毫的兴趣。他天天都在梦想和小伙伴们去绿茵场上痛痛快快地踢上一整天的足球。

因此，对父母整日强迫着他学钢琴、练钢琴，儿子的逆反情绪越来越强烈。终于有一天，这种逆反的情绪像一座"小火山"一样爆发了——他从厨房里拿出一把雪亮的菜刀，"咣咣咣"地将那架钢琴劈了个"伤痕累累"！

这则失败的家教事例警示所有父母：把自己的意志强加给孩子，压抑孩子真正的兴趣会引发严重的后果！

孩子是独立的个体，有自己的喜怒哀乐，自然也有自己的兴趣爱好，但很多家长并不将此当回事，认为孩子的生活应该由家长来安排。这种看法显然是不对的，如果不以孩子的兴趣为出发点，那他对什么事物都反应平淡，很难有所成就，如果违背孩子的意愿，更会伤及孩子的自尊心。

因此，父母要尊重孩子的爱好兴趣。即使孩子的这种兴趣爱好可能与父母的期望有差距，但只要是正当的爱好，就应该尊重孩子。因为孩子在做自己喜欢的事情时，他的创造力和潜力才有可能得到充分的发挥，他的专注、认真、持之以恒的习惯和意志品质也可以得到锻炼，有利于孩子的成长。

3. 给孩子的兴趣以引导和鼓励

有一位教育家曾经说："天才之所以是天才，并不是由于他们生来具有很高的天赋，更重要的是他们在幼年时期的兴趣和热情的幼芽没有被踩掉，并且得到了保护和顺利发展。"所以，家长在发现孩子的兴趣后，最重要的是给孩子以引导帮助和鼓励。

> 一位爸爸，当他发现孩子在洁白的墙上随意画画时，并没有训斥孩子，反而面对孩子画的太阳、树木和河流大加赞赏。之后又耐心地对她说，如果画在墙上，只能画一次，但是如果画在纸上，她就可以想画多少就画多少。为了激励孩子的兴趣，这位爸爸还特意做了一个张贴栏，只要她画好一幅就往上面张贴一幅。结果使这个孩子的兴趣大增。

研究表明，孩子的天赋能否得到发展，决定性因素在于父母能否为孩子提供足够的支持和帮助，作为孩子的指导者，父母有一个非常特殊的功能，一旦孩子感兴趣的事情得到了父母的支持和鼓励，他就有很强的信心坚持下去，如果不鼓励孩子，甚至批评孩子，那么孩子的兴趣就会如昙花一现，迅速枯萎。

鼓励孩子的兴趣，意味着父母要花费时间、金钱，但最重要的是要善于听取孩子的想法，了解孩子的困惑，多给孩子创造尝试和实践的机会。

做心平气和的父母

善待孩子的好奇心

1 好奇心是求知的动力

每个人都拥有好奇心,好奇心是人成功的根源。一位教育家说过:"没有丝毫兴趣的强制性学习,将会扼杀学生探求真理的欲望。"要想培养孩子的学习兴趣,必须注意培养其好奇心与求知欲,后两者的产生必然会使孩子产生浓厚的学习兴趣。

每个孩子天生都是爱学习的,面对这个令他们充满好奇的世界,他们总是问"为什么"。正是因为这种好奇心,孩子有一种主动学习的精神,而这就是孩子与生俱来的良好素质。因此,只要掌握了孩子的好奇心,就不用担心孩子没有学习动力。激发孩子的好奇心,成为父母成功引导孩子的关键所在。

诺贝尔物理学奖得主、美国加利福尼亚州理工学院物理系教授查德·费曼天生好奇,自称"科学顽童"。他十一二岁就在家里设立了自己的实验室。在那里他自己做马达、光电管这些小玩意儿,还用显微镜观察各种有趣的动植物。

费曼在其著作《别闹了,费曼先生》一书中讲述了自己在读研究生时发生的一件事：为了弄清蚂蚁是怎样找到食物，又是如何互相通报食物在哪里的，他着手做了一系列实验，如放些糖在某个地方，看蚂蚁需要多少时间才能找到，找到之后又如何让同伴知晓；用彩色笔跟踪画出蚂蚁爬行的路线，看究竟是直的还是弯的。正是这些实验使他知道蚂蚁是嗅着同伴的气味回家的。

费曼在物理领域取得的巨大成就，在一定程度上与他强烈的好奇心不无关系。

好奇心是兴趣的先头部队，也就是说，有了好奇心的驱使，孩子就会去探究，找出答案。而在探究的过程中，因为发现的热情，可能由此引发了兴趣。在此过程中知识就会逐渐积累、增加，所以善用好奇心的求知动力，可以开启孩子的智慧之门。

《美国科学家》杂志曾向75名科学家提问，了解他们成为科学家的原因是什么。耶鲁大学教授尼尔·米勒说："我的父亲用各种办法激发我对大自然和科学的好奇心。"田纳大学医学教授马拉克·科特布说："父亲用小球和积木教我行星的知识，用壶中沸腾的开水向我解释雨的形成……童年的经历给我留下了终生的印象。"可见，童年的家庭教育和经历对一个人能否保持可贵的好奇心，并把好奇心引向科学探索道路往往起着非常重要的作用。

曾有这样一个孩子，上课时，总是做自己的事情，思想一点儿也不集中，同学们做这个，他却独自玩别的，甚至对老师的话没反应，父母则为他的"笨""不听话"而感到忧心忡忡。可是教他的一位教师不这么想，经过一段时间的观察，他发现这个孩子有他自己的特殊兴趣和非同一般的好奇心。比如，他关心的是到底是水泥地滑，还是打蜡地板滑？是水泥地的摩擦力大，还是地板的摩擦力大？这位教师有意识地对他进行诱导性的教育，充分肯定他的好奇心，并鼓励表扬孩子爱思考的精神，慢慢地，他不仅更加喜欢思考与探索，还积极配合班级，配合老师。

❷ 将孩子的好奇心发展为求知欲

好奇心是促使孩子去探索和思考的动力。作为家长，不仅要尊重、保护和正确引导孩子的好奇心，而且应努力激发他的好奇心，使孩子幼稚的好奇心发展为强烈的求知欲。对孩子提出的问题，要确切、通俗易懂、有条理地给以答复。这对培养孩子的想象力、思维能力有很大的帮助，使孩子强烈的求知欲和好奇心不至于泯灭，从小就能养成勤于思考、勇于探索的好习惯。

1. 保护孩子的好奇心

著名教育家陶行知先生曾碰到过这样一件事：一位母亲对他抱怨说，她的儿子非常淘气，把一块贵重的金表拆坏了，她把孩子打了一顿，陶行知先生当即说："可惜了，中国的爱迪生让你给枪毙了。"

陶行知先生的这番话确实道出了目前在家庭里父母怎样无意识地扼杀了孩子的好奇心的状况。在生活中，这样的场景时有发生。父母心疼物品被孩子损坏这是正常心理，但"打了一顿"所造成的后果是从此禁锢了孩子的好奇心。这代价太大了！其实在大多数情况下，孩子的这种行为正是他好奇心的表现，把手表拆开是因为他想知道手表里面是什么样的，是什么让手表的指针动起来的？孩子的头脑中充满了新奇的念头，于是他会毫不犹豫地付诸行动。因此成人不能轻率地将孩子的某些违规行为定性为"破坏"，而应该真诚地相信每个孩子都怀有良好的愿望。同时设法了解孩子行为背后的真正原因，看到他真实的需求和动机。在肯定和鼓励孩子探索行为的基础上讲清道理，给他提供问题的答案，满足他的好奇心。如果条件允许，也可以多提供一些廉价、安全的玩具，让孩子尽情地探究和摆弄。

2. 善待孩子荒唐的提问

孩子好奇心强，凡事都爱问为什么。但由于年幼，所提的问题往往十分荒唐，甚至有的无法回答，但不管问题问得怎样，孩子都是渴求得到解答的。作为家长，都应该心平气和地、认真地对待。

有一个 5 岁的孩子问他爸爸："开电风扇有风，能让人感到凉爽，你为什么不把窗关上？关上窗风跑不出去不就更凉爽了吗？"于是，父亲给孩子讲解电风扇吹风与气温和关窗与否的关系，接着问孩子："风有什么作用？"孩子的想法很多：把树叶刮掉、吹火做饭、放到屋里使人凉快……尽管孩子的回答看似可笑，但这种教育方式对培养孩子的发散性思维、开发创造力有好处。

问题是思考的起点。当孩子问父母问题的时候，父母千万不要嘲笑孩子幼稚，更不要推开孩子说："烦死了。"在面对孩子一个接一个问题时，父母不要因麻烦而敷衍，应该很认真地来对待，越是小的孩子越要如此。

3. 鼓励孩子的探索性行为

孩子正处于成长阶段，会热衷于各种探索活动，家长要鼓励和支持孩子积极地参加。

有个小男孩在雨水淋湿的地里挖出一块石头，他跑过去对爸爸说，"爸爸，快看看我挖出来的石头！"爸爸用不赞许的目光看着他："你把这儿搞得乱七八糟！"男孩的脸耷拉下来，不高兴地扔掉手中的"战利品"，走进屋里。其实，这位爸爸应该这样说，才能有利于培养孩子："这块石头真漂亮！把它洗干净，我们就能看得

做心平气和的父母

更清楚了。稍后我会给你一把泥铲和一副手套,你会找到比这更漂亮的石头。"

　　冰心说过:"淘气的男孩是好的,淘气的女孩是巧的。"孩子爱玩,喜欢探索未知的事物,这并不意味着孩子是坏孩子;相反,这正是孩子创新能力的开始,父母不仅不应该制止,还应该有意识地保护和珍惜,给孩子充足的时间和空间,让他们有机会去发现和研究感兴趣的事物及想法。只要孩子是安全的,父母就应积极地鼓励他进行各种探索。

重视孩子的善问

① 疑问是儿童智慧的萌芽

"人为什么要睡觉呢?""兔子为什么跑得那么快呢?""为什么火车要在铁轨上跑?""为什么鱼要在水中游?""冬天河水为什么会结冰?""为什么雨后会有彩虹?"……孩子总会不停地问问题,他们无休止地问这问那,经常把父母搞得很尴尬;他们离奇的"问",也常把父母弄得瞠目结舌。

其实,提问是孩子求知欲的表现形式之一。孩子由于年龄小,对未知事物充满好奇,他们会以好奇的心态向父母提问,这些问题是孩子了解世界、培养创新能力的重要途径,父母千万不要对孩子的问题置之不理,或是嫌弃孩子的提问过于荒诞而对他嘲笑或批评,否则,孩子会逐渐失去好奇心和热情。所以,父母要珍视并善于保护孩子的好奇心,耐心回答孩子提出的各种问题,为孩子提供安全的创造环境,点燃孩子学习新鲜事物的欲望。

爱迪生是一位闻名世界的伟大发明家,他一生共有约2000项创造发明,为人类的文明和进步做出了巨大的贡献。他之所以能取得这么大的成就,从某种意义上来说,正是由于母亲的正确认识和引导。

做心平气和的父母

爱迪生从小是一个喜欢提问题的孩子，凡事都要问个"为什么"。有一次，母亲正在厨房忙着做饭，爱迪生急匆匆地跑来问："妈妈，家里的母鸡为什么把鸡蛋放在屁股下面坐着啊？"母亲放下手中的活，笑着对他说："傻孩子，那是它在孵小鸡呢！把蛋放在屁股下暖热后，就会有小鸡从里面爬出来。"小爱迪生听了，觉得真神奇。他认真地想了一会儿，抬头问道："只要蛋在屁股底下暖热后，小鸡就能出来？""对啊，就是这样！"母亲微笑着点头。等到饭做好了，母亲忽然发现小爱迪生不见了，于是到处寻找，最后在库房里发现了他。原来爱迪生正学着母鸡的架势，把很多鸡蛋放在屁股底下"孵小鸡"呢。母亲很奇怪地问道："孩子，你在干什么啊？"爱迪生说："妈妈，你不知道吗？我在孵小鸡啊！"看着儿子一本正经的样子，母亲笑了。

母亲知道小爱迪生爱思考，好奇心强，求知欲旺盛，对于他提出的各种问题，她总是尽可能地回答，即使回答不出来，也想办法找到答案再告诉他。

就这样，在这个不怕被问"为什么"的母亲的教育下，爱迪生虽然仅上过三个月的学，却成为一个伟大的发明家，为人类社会的发展做出了极大的贡献。

生活中其实有很多像爱迪生一样喜欢问问题的孩子，他们的小脑袋里总是装满了"为什么"。许多人对孩子那些异想天开、稀奇古怪的问题不加理会，或者轻易否定。

爱迪生的母亲却认真地对待，细心地回答孩子的每一个问题，这对培养孩子的想象力、思维能力有很大的帮助，使孩子强烈的求知欲望和好奇心不至于泯灭，从小养成勤于思考、勇于探索的习惯。

❷ 当孩子提出问题时还要想办法帮忙解决问题

古人云:"学贵多疑。"不疑不进,小疑小进,大疑大进,多疑好问,通过思考解决了问题就获得了知识,就更有学问。疑问是儿童智慧之芽,若父母不让他的疑问得到满足,无形中将会摘掉茁壮中的智慧之芽,是很可惜的。因此,面对孩子无休止的发问,父母应不失时机地帮助他们找到比较满意的答案,并要有意识地鼓励孩子多思多问。

"电波之父"麦克斯韦是父母非常疼爱的独子。

麦克斯韦的童年是在风景秀丽的爱丁堡度过的。从小他就对世界充满了新奇感,喜欢思考问题,经常提出各种各样的"为什么"。

有一次,父母带他出去玩,他的小嘴就没停过:"爸爸,大树为什么朝天上长啊?""这群蚂蚁会不会说话呀?"……这位博学多才的父亲面对孩子的这些问题总是非常耐心而重视地回答着,尽管有些问题在他看来有点儿幼稚和可笑,但是对于儿子的好奇心,他总是尽最大努力来满足。

有一天,姨妈珍妮给他送来了一篮苹果。拿着苹果,他并没有吃,却问道:"姨妈,这苹果为什么是红色的呢?"

"为什么阳光照射后就变成红色了呢?"

姨妈竟被他问住了,为了摆脱窘境,故意转移他的目标:"小家伙,这个问题是大人研究的事,你还是去吹泡泡玩吧。"

谁知她的这个主意更糟糕,肥皂泡在阳光下呈现出美丽的五颜六色,麦克斯韦看见后又惊又喜,连忙来问姨妈:"为什么太阳照着泡泡却成了彩色的呢?"

父亲见状便忙出来解围,他从书架上取出一本大部头的物理书,对儿子说:"这是物理学中光学的问题,你如果读懂了这本书,

做心平气和的父母

就能从中找到答案。"

孩子之所以好问,是因为他们有一颗强烈的好奇心,而好奇心是孩子与生俱来的,爱护好孩子的好奇心是父母的责任和义务。正因为孩子对很多事物陌生,他才会感到新奇,才会提问,才会想试着去做。当孩子向父母提出问题时,父母应尽量给孩子以较圆满、较正确的答案,并不失时机地肯定、表扬孩子爱动脑筋。

1. 鼓励孩子提出问题

维森有两个儿子和两个女儿。他和妻子非常注重培养孩子的提问精神,他们让孩子在解答问题中学习知识。

孩子小的时候,维森就用比赛的方式培养孩子的提问能力。他告诉孩子,每天上学都必须向老师提问,而且要在课堂上积极回答老师提出的问题,然后用笔把这些问题记下来,一周进行一次比赛,看谁提出的问题和回答的问题最多,谁就会得到奖励。

在这种竞赛的氛围中,孩子的提问积极性被激发出来,他们也乐于回答老师提出的问题。维森的孩子们的成绩在同龄孩子中比较突出,而且一些科技类、自然类的知识比同龄孩子丰富得多。

维森和妻子为孩子提供过像《十万个为什么》一类的书,孩子们看后非常喜欢,当他们不明白书中的解释时,就会去问父母。四个孩子轮番提问,维森夫妻二人从来没有觉得烦。

当然,有时候孩子们提的问题也让维森和妻子为难,当他们回答不出来时,就会鼓励孩子去学校问老师。孩子在不断寻找问题的答案中增长了知识,开放了思维,提高了解决问题的能力。

提问既是孩子求知欲的表现形式,也是孩子积极思维的外在体现。爱提问,说明孩子能够主动思考、积极探究,并且勇于展现自我。在生活中,父母一定要鼓励孩子多提问、善于提问,培养孩子爱提问的好习惯。特别是在辅导孩子学习时,父母应该在孩子力所能及的范围内,让孩子多说、多问、多思考,让孩子自己"跳起来摘果子"。

2. 引导孩子自己寻找答案

每一个孩子都会无休止地提出一个又一个问题,但是如何让孩子找到答案呢?经验告诉我们:孩子是否爱提问题,是关系到孩子成才的一个重要因素,而孩子如何去得到答案,则是关系孩子成才的更重要的因素。

北宋著名哲学家邵康节在和儿子相处时,特别注意对儿子思维能力的培养。有一天,邵康节与12岁的儿子邵伯温在院子里乘凉。这时,院墙外突然伸出一个人头,朝院子中看了一圈,又缩了回去。

邵伯温问:"父亲,这个人在看什么?"

邵康节反问儿子:"你说这个人在看什么?"

邵伯温说:"八成是个小偷,想偷点东西,看见有人就走了。"

邵康节说:"不对。"接着,他启发道:"如果这个人是小偷,他看到院子里有人,肯定会立刻缩回头去。但是,他明明看到院子里有人,却还是看了一圈,这说明什么呢?"

邵伯温想了一会儿说:"哦,他可能是在找东西吧。"

邵康节说:"是的,但是他只看了一圈,那是找大东西,还是找小东西呢?"

邵伯温回答:"是在找大东西。"

邵康节接着问:"那么,什么大东西会跑到我们院子里来呢?那个人又是农民打扮,他会来找什么东西呢?"

这回,邵伯温坚定地回答道:"他肯定是来找牛的。"

邵康节满意地点头道:"说得对,他是来找牛的。以后,你要

做心平气和的父母

多动脑筋才是。"

当孩子提出一个问题时，如果问题太难，考虑孩子回答不出来，可以直接把答案告诉孩子。如果问题不是太难，孩子自己动脑筋后能够回答，父母则不要将问题的答案说出来，而是要对孩子进行启发，鼓励孩子从多个角度去观察、去思考。

3. 鼓励孩子寻根问底

细心的父母会发现，只要是孩子感兴趣的知识或者东西，他很快就能学会。碰到他感兴趣的话题，他也会寻根问底，不停地追问，直到问出个所以然来。其实，这是孩子好奇心的表现。

中学生姆佩姆巴在做冰激凌实验时，在热牛奶里加了糖，没等牛奶冷却，就把它放进了冰箱里。结果他发现热牛奶比其他同学的冷牛奶结冰要快得多。

他没有放过这个发现，而是刨根问底，求教于某大学教授，最后他的这个发现得到了证实。最后这种现象被称为"姆佩姆巴现象。"

有人说："科学是寻根问底的孩子。"的确，许多发现是在这种寻根问底中发现的。因此，作为父母，应该鼓励、支持孩子"打破砂锅问到底"的行为，也许未来哪天他就成了科学家。

培养孩子的观察能力

1 观察能力也是一种综合能力

人的智力活动是从观察开始的,一个人对周围事物"视而不见,听而不闻",他的精神世界就会很贫乏,智力活动就会成为无源之水。

所谓观察力,就是全面、正确、深入地观察事物的能力。观察力也是人在长期社会实践中形成的一种比较稳固的认识特点,是构成人的智力结构的重要要素之一。

> 一位老师上课时带了一个苹果,问同学们看到了什么?
> 第一名学生站起来说:"这是一个苹果。"
> 第二名学生站来摸了摸它,补充道:"这个苹果很光滑,掂一掂,还挺沉的。"
> 第三名学生凑过去,闻了闻,说:"有苹果的清香味儿。"
> 第四名同学忍不住咬了一口,说:"味道很甜,略带一点儿酸,很脆。"

观察是一项有目的、有计划的感知活动,观察能力的高低反映了孩子感知能力的强弱。就如同观察一个苹果，四名同学观察到不同的结果。可见，观察并不只是"看"那么简单，而是在综合视觉、听觉、触觉和嗅觉等多种能力的基础上发展起来的。

观察力对每个人来说，都是生活中、自身所不可缺少的一部分。对于成长中的孩子，观察力更是一种急需培养的知识。作为正在长身体、长知识的小孩子来说，就更加重要了。

良好的观察力是孩子学习、工作、解决日常问题的基础。在学习活动中，有70%的信息通过视觉获得。

法国著名昆虫学家法布尔从小就喜欢昆虫。每天放学后，他都会跑到田野水边，去捕捉各种各样的昆虫，如知了、蟋蟀、蝴蝶、蜻蜓等，成为一个地地道道的"小昆虫迷"。

有一次，法布尔在路上看见一群蚂蚁正在齐心协力地搬运一只死苍蝇，他认为这是观察蚂蚁生活习性的好机会。于是，他就趴在地上，拿出放大镜，耐心地观察起来，一连观察了好几个小时。路上的行人对法布尔的行为感到不可思议，都前来观看，有人说他是"呆子"，有人说他是"怪人"。面对众人的议论，法布尔毫不在意。

正是由于法布尔的耐心观察，他才能揭开昆虫世界的许多秘密。据说，为了弄清雄蚕蛾如何向雌蛾"求婚"的过程，法布尔竟然用了三年的时间进行观察。但是，正当他要取得观察结果时，蚕蛾"新娘"却被一只螳螂吃掉了。法布尔没有灰心，重新观察，又经过三年时间的耐心观察，终于掌握了蚕蛾"求婚"的整个过程。

观察是认识世界，增长知识的重要途径。培养孩子观察的习惯，对发展孩子的智力是十分重要的。

② 观察就是感知加上思考

观是看，察是想。让孩子留心身边的小事，不仅是让孩子知道事物是这样的，还必须让孩子知道为什么是这样的。有了这种观察，孩子就有了注意、记忆、想象和思维。如果把孩子的观察比作蜜蜂采花粉，那么思维就等于酿造蜂蜜，没有花粉就酿不出蜂蜜。没有细心的观察，孩子的思维就会因为缺少素材而得不到良好的发展。观察是认识的基础，是思维的触角。因此，父母应该充分利用身边的小事，引导孩子有意识地去观察。

观察力可以帮助我们得到周围世界的相关知识和信息，是认识世界的基础。大量事实证明，观察力是一个人不可缺少的心理品质。认识来源于经验。达尔文曾对自己的工作做过这样的评价："我没有突出的理解力，也没有过人的机智，只是在觉察那些稍纵即逝的事物并对其进行精细观察的能力上，我可能在众人之上。"俄国伟大的生理学家巴甫洛夫在他实验室的建筑物上刻着："观察、观察、再观察。"世界上许多著名的发明创造和论著学说都是在观察的基础上，通过积极的思维活动完成的。

良好的观察力不仅对科研、治学和成才有重要作用，对孩子智力的提升也是很有帮助的。学习知识和科学研究，本质上都属于认识过程，都遵循"从生动的直观到抽象的思维"的规律。要搞好学习，就应当先进行认真的观察，以获得丰富的感性认识。通过观察，孩子可以获得丰富的感性材料，不仅有助于理解那些不易掌握的理论知识，还有助于提高孩子的学习兴趣，激发孩子的求知欲望，调动孩子的学习积极性。所以，要想让孩子拥有一个智慧的头脑，就应该勇敢地拓宽他们的视野，让他们敢于观察，善于观察，为他们的智力发展开启一扇明亮的"窗户"，为他们的大脑赋予一双"聪明的眼睛"！

做心平气和的父母

1. 为孩子创设观察的条件

卜镝，8岁时获全国儿童画比赛一等奖，9岁时出版新中国第一本个人儿童画集，并先后在青岛、深圳、中国香港、中国澳门、中国台湾、荷兰、德国等地区和国家举办个人画展。他的父母是如何教育卜镝取得成功的呢？

当卜镝的父母意识到，在孩子脑力和心理发展的过程中，观察力具有相当重要的意义时，便不失时机地利用游戏对卜镝进行有效的训练，让他的观察力得到快速的提高。当父母发现卜镝热爱观察大自然这一特点时，便经常带着他去参加各种活动，让他感受外部世界，丰富他的感性经验。父母还不断诱导卜镝以游戏的方式，养成善于观察的习惯，从而引导他走上了画画的道路。

一天，卜镝的父亲下班回来，看到地板上涂满了密密麻麻的粉笔印。便弯下腰仔细看，他不禁高兴地叫起来："画得太好了！"卜镝画的是他自己和森林里的动物伙伴们一起捉迷藏的有趣情景，卜镝说这是他画着玩的。看来孩子一般是把画画当成一种开心的游戏。

从游戏中得到启发，父母懂得在鼓励卜镝勤于观察的同时，还要注意让卜镝善于观察。

随着卜镝不断地成长，卜镝父母不断地把卜镝送入新的生活中去，让他用自己的眼睛去发现"美"，而卜镝也正是在生活中用自己的眼睛发现了美，然后用画笔富有创造性地表现出了这种美。在每次观察活动结束后，卜镝都会记美术日记。他会把他的爱、他的激动，把他眼里、心里的愿望都凝固在纸上。他的日记与日俱增，这些成了他童年生活的缩影，也为他日后的成功打下了坚实的基础。这个好习惯使他拥有了一双善于发现的眼睛，观察到了别人看不到的东西。他用欣赏的眼光去观察世界，用爱的情怀去感受世界，用热情的图画去表现世界。

善于观察的好习惯，使卜镝走上了画画的道路；观察的积累与发现，使卜镝踏上了成功之路。

日常生活中可供孩子观察的事物是很多的，如日月星辰、风雪雷电、花草树木、鸟兽鱼虫等。家长应注意选择孩子能理解的事物，引导孩子进行观察、思考，培养孩子的观察力。另外，在家里要为孩子创设一些可供观察的条件，如种一些花草树木、养一些金鱼、鸟、蚕之类的小动物，这可以激发孩子观察的兴趣。只有经常性地对孩子进行训练，他的观察能力才会不断得到发展。

2. 提出观察要求，指导观察方法

当孩子表现出对事物的观察兴趣后，父母应教会孩子如何观察。无论孩子观察什么，父母应提出一定的观察要求。例如，带孩子去动物园，应告诉孩子要观察的内容和要求，以使孩子有目的、有意识地观察，而不是眉毛胡子一把抓。同时，要教给孩子观察的方法。

主要观察方法如下：

（1）综合观察法。先局部后整体或先整体后局部的观察方法，以达到对观察对象全面正确的认识。

（2）动静观察法。动态观察指按先后顺序或方向位置观察物体的变化；静态观察指按物体的颜色、形状等进行观察，建立基本数学概念，理解数学法则。父母要指导孩子学会动静结合观察法，为孩子以后看图数数和看图例式打下基础。

（3）对比观察。比较是一个鉴别的过程，只有通过比较才能提高孩子的观察能力。比如，让孩子观察其他孩子的绘画作品，并同自己的作品进行比较，肯定好的，指出不足。

(4) 重点观察。在事物完整的发展过程中，必定有一个环节是主要的，如植物生长是其从生到死过程中的最主要的环节，这个环节是重点观察的对象。这些训练对培养孩子抓主要问题，抓中心环节，掌握大局都有好处。

(5) 反复观察。对于某一动作可让孩子进行重复观察，这种方法可以强化孩子大脑皮层形成暂时性的联系，并能使各个暂时性联系之间相互贯通，逐步形成动作的连贯一致。反复观察能形成孩子对事物的整体认识，并掌握复杂的、难度大的各个环节。

(6) 顺序观察。事物的发生通常有一个先后顺序，如植物的生长。让孩子认识一个事物发展的全部过程，建立一个完整的概念，使孩子养成按顺序观察的好习惯。让孩子有顺序地观察，能使他们有条理地思考，达到思路清晰、言之有序，逻辑思维能力增强。一般来说，观察是由近及远或由远及近；从上而下或从下而上；从左到右或从右到左；先中间后四周或先四周后中间；由表及里或由里及表等。

3. 教孩子把观察和思考相结合

观察力是感知与思考的结合，只观察而不思考是不会有新发现的。在培养孩子观察能力的同时，父母还要引导孩子在观察中积极思考。只有在观察的同时积极地思考，孩子才会更有目的、有针对性地去观察。

在生活中，父母应该鼓励孩子多提问，可以让孩子问父母、问老师，甚至问陌生人，在不断的观察中去寻找问题的答案，并抓住事物的本质。同时，还要鼓励孩子在观察后进行整理，把获得的材料做必要的分析和综合，从而得出科学的结论。

独立思考，永远别给孩子标准答案

❶ 如果家长包办一切，孩子很难独立思考

众所周知，现在的教育把学生都当作考试机器了，靠题海战术灌输标准答案来提高考试成绩，孩子每天起早贪黑地学习，导致睡眠不足。问题是这样的学习方法能把孩子教育成才吗？不给孩子独立思考的时间，孩子的思维得不到锻炼，思维能力不高的孩子能成才吗？

美国学者黄全愈博士讲过这样一个故事：

美国小学教师达琳在昆明进行教学交流时，因为看到中国孩子们的画技十分高，有一次就出了一个"快乐的节日"的命题，让中国孩子去画。结果，她发现很多孩子在画同一样东西——圣诞树！

她觉得十分奇怪：怎么大家都在画圣诞树？开始她想，可能是中国孩子很友好，想到她是美国人，就把"快乐的节日"画成圣诞节。接着她又发现奇怪之处：怎么大家画的圣诞树是一模一样的呢？

这时她发现孩子们的视线都朝着一个方向看去，她顺着孩子们的视线看去，发现墙上画着一棵圣诞树。

于是，达琳把墙上的圣诞树覆盖起来，要求孩子们自己创作一幅画来表现"快乐的节日"这个主题。

令她更感到吃惊的是，把墙上的圣诞树覆盖起来后，那群画技超群的孩子竟然抓耳挠腮，咬笔头的咬笔头，瞪眼睛的瞪眼睛，你望望我，我望望你，无从下笔。

达琳不得不把墙上那幅圣诞树揭开……

是的，达琳面对的这群画技超群的孩子，只能够模仿，不知道怎样创新，不会独立思考："快乐的节日"应该是一幅什么样的画面？应该放上什么景物、什么人？如何安排画面的布局？

例子虽小，却十分具有普遍性，指出了国内学生普遍存在的痼疾：不会独立思考！他们面对考试，总是尽可能多地做题，记住各种题型的解法和标准答案，而不是在用自己的头脑分析、思考。

美国一名大学教授也曾表示，他所带的中国学生都很勤奋，专业知识也比美国学生记得更牢固。可是，在写论文的时候，如果老师给出论文的题目，那么中国学生可以把它完成得非常好，但是要让他们自己设想一个题目，却非常困难。这一点恰恰和美国学生相反。

的确，中国的父母总是把孩子所有的事情都安排得十分妥当，为孩子挑选好玩具，为孩子准备好食物，有些父母甚至代替孩子交友，代替孩子回答问题，代替孩子完成老师留的各种需要创意的作业……导致孩子从来没有事情需要自己考虑，自己想办法，自己去寻找问题的答案，也因此丧失了很多独立思考的机会。

独立思考的习惯对孩子的一生有重大影响。如果孩子拥有独立思考的能力，就会善于发现问题，能够通过思考、分析找到答案，才会取得好的学习成绩。而孩子长大后，因为有独立思考的习惯和品质，他的视角会比别人宽广，思维也会更加缜密。因此，具有独立思考能力的人，将比其他人有更多的机遇，更容易拥有成功的生活和事业。

② 多给孩子有效的思考能力的锻炼机会

苏联著名教育家赞可夫说："教会孩子思考，这对孩子来说，是一生中最有价值的本钱。"一个孩子能否成才，最关键的在于从小能否进行有效的思考能力的锻炼。综观世界上有杰出贡献的人，他们有一个共同点，那就是善于独立思考。

> 世界首富比尔·盖茨从小显露的最大特点就是不停地思考。当母亲叫他吃饭时，盖茨置若罔闻，甚至整日躺在他的卧室里不出来。当母亲问他干什么的时候，比尔·盖茨总是说："我正在思考！"有时他还责问家人："难道你们从不思考吗？"比尔·盖茨的头脑似乎时刻都在高速地运转。直到现在，微软公司还流传着这样一种说法："和大多数人谈话就像从喷泉中饮水，而和盖茨谈话像从救火的水龙头中饮水，让人根本应付不过来，他会提出无穷无尽的问题。"

比尔·盖茨之所以有今天的巨大成就，与他从小养成的善于思考的能力是密不可分的。思考习惯的养成对于孩子以后思维方式的形成以及知识的积累都有很重要的作用。

天才之所以能够成为天才，正是因为他们善于思考和乐于思考。独立思考是自我研究、自我解决问题的一个重要途径，让孩子在自我研究中去体验，去感悟，久而久之，孩子独立思考、解决问题的能力就能得到提高，这将为孩子的终身发展，乃至将来干出一番大事业奠定基础。作为家长，应该利用各种机会，培养孩子独立思考、分析问题、解决问题的习惯和能力。

做心平气和的父母

1. 给孩子独立思考的机会

琳琳正在写数学作业，看见最后一道数学题自己不会做，急忙喊："妈妈，快来帮我的忙，这道题我不会做！"琳琳的妈妈听见后，走到女儿面前，拿起题看了一下，然后告诉女儿应该如何答题。琳琳按照妈妈所说的写完了作业，高兴地与伙伴玩耍去了。

这样的事情几乎天天发生，琳琳遇到不会的问题就找妈妈帮忙也成了习惯。后来有一天，琳琳的妈妈发现昨天才给女儿讲过类似的题目，今天她又问应该如何解答。她认识到直接告诉琳琳答案有些不妥，应该让孩子独立思考，然后引导她如何解答，这样她才会记住。

一天，琳琳又叫妈妈帮她答题，妈妈让琳琳先思考一下，可琳琳却说："我不会想，你还是把答案告诉我吧。"琳琳的妈妈后悔自己没有从最初就教孩子学会独立思考。

在生活中，有些孩子在遇到疑难问题时，总是希望父母给他答案。如果父母对孩子有问必答，虽然解决了孩子当下的问题，但从长远考虑，孩子会养成依赖父母的习惯，遇到问题时不会独立思考，不会自己去寻找答案，这对发展孩子的智力没有任何好处。因此，当孩子学习中遇到问题时，家长不要直接告诉孩子答案，而是要引导孩子自己去寻找答案，多在"点拨"上下功夫，或教给他思考的方法，或在关键处适当地提醒，让孩子去观察和动手验证，给孩子留有思考的余地，这样孩子便会逐渐养成良好的习惯，有利于提高孩子独立思考的能力。

2. 鼓励孩子敢于质疑

西方教育传统提倡的是敢于质疑，而中国人从小就被教育要听话，不敢挑战权威、不敢质疑。一成不变的生活则会造就一个个"小绵羊"，在这样的体制下，孩子的想象力、创造力等，可以说无从谈起。所以，家长平时应当鼓励孩子大胆质疑，并及时回答孩子提出的"为什么"，培养孩子多问多思的习惯。

> 倩倩是小学五年级的学生。一天晚上，倩倩把写好的作业拿给妈妈检查。在检查中，妈妈看到倩倩把"东施效颦"写成了"东施放颦"，于是，妈妈指正道："倩倩，这个成语应该是'东施效颦'，而你写的却是'东施放颦'。"倩倩不假思索地说："这些成语是老师写在黑板上，让我们抄下来背诵的。老师写的应该不会错。"妈妈说："我认为这是不对的，我们查查字典吧。"倩倩从书架上把字典拿下来，查看到果然是"东施效颦"，倩倩有些不理解："老师也有错的时候吗？"妈妈告诉她："老师可能因为一时粗心写错了，孩子，人无完人，所有人都有犯错误的时候，老师也不例外。"倩倩听后点了点头。

明朝学者陈献章说："学贵置疑，小疑则小进，大疑则大进。疑者，觉悟之机也。"敢于质疑意味着独立思考，挑战权威。父母要鼓励孩子敢于对一些习惯的传统提出质疑，不迷信专家权威；不盲目相信书本，对事物存有怀疑精神；敢于提出各种问题，甚至包括一些当前看起来近乎"荒唐"的问题。另外，父母应该重视孩子的质疑，耐心倾听孩子的提问，并启发和诱导孩子自己去化解疑问。

第六章

不拘不束，让孩子拥有自由的天空

做心平气和的父母

放手，让孩子自己试着去做

❶ 父母包办一切就等于束缚孩子的手脚

众所周知，被喂养惯了的动物接受放养时，通常自己不会捕食。大自然的生存法则告诉我们：如果动物学不会自己捕食，就会被饿死。同样的道理，在父母的庇护下长大的孩子通常没有在社会上独自生存的能力。一旦父母因为一些原因无法顾及他们，他们就只能被社会淘汰。

可现实情况却让我们颇为沮丧。家长往往喜欢当孩子的保护伞，每当孩子遇到困难或者障碍的时候，父母立刻出手，干净利索地替孩子解决问题。而且他们认为，这样可以避免让孩子遭受挫折，受到伤害。所以，当孩子去做自己不熟悉的事情时，家长也会小心翼翼地跟在身边，怕孩子做不好，怕孩子会吃苦、受罪……总而言之，他们舍不得放手，也不相信孩子能靠自己的努力把事情做好。

一位从事教育工作几十年的教授说："我如今越来越担忧中国的教育，尤其是中小学教育。孩子生活在父母的保护伞下，不经日晒，没有雨淋，就像生活在温室里的花朵。"的确如此，孩子从小到大，处处依赖父母。从幼儿园到小学、中学，乃至大学，孩子对父母的照顾习以为常。甚至孩子升学、就业，也是父母奔走操劳，给孩子选学校、选专业、找工作，不辞辛苦，替孩子包办到底。等孩子长大成人后，父母又要为他操办婚事，替他抚养孩子。有了父母尽心尽力的"包办"，难怪孩子会成为"温室里的花朵"。

一位母亲为孩子操心，最后不得不去找心理问题专家咨询。心理专家问，孩子第一次系鞋带的时候打了个死结，你是不是不再给他买有鞋带的鞋子？这位母亲点了点头。心理专家又问，孩子第一次整理自己的床铺，整整用了一小时，你最后就亲自替他整理了，对吗？这位母亲说没错。心理专家又说道，孩子大学毕业后去找工作，你又尽全力动用了自己的关系和权力帮他。这位母亲很惊愕，问心理专家说：您怎么知道的？心理专家说，从那根鞋带知道的。这位母亲问，以后我该怎么办？心理专家说，当他生病的时候，你亲自带他去医院；他要结婚的时候，你给他准备好房子车子和足够的钱送去。别的，我也没办法。

上面这个事例不能不引起做父母的反思：如果父母只想让孩子生活舒适，包办孩子的全部事情，不让孩子动手、动脑，那么父母就等于把孩子的手、脚都束缚起来，结果只会导致孩子什么事都不会做，也不愿意做。孩子长大进入社会独立生活、工作时，就没有自理能力，这会给孩子的生活带来诸多不便，影响他的学习和工作，甚至可能因为缺乏自理能力而断送他的美好前程。所以，家长若真是为孩子好，就应该放开双手，让孩子学会自己独立生活。

❷ 适当放手让孩子多多实践

张先生当爸爸已经许多年了，别人提到他上初中的儿子总是赞不绝口，但是他自认为，孩子的成长，自己其实并没有费太多的

做心平气和的父母

心，因为很多的事情是孩子自己处理的。

在儿子很小的时候，他就很少主动替孩子做什么。孩子摔倒了，他只是不慌不忙地说："自己爬起来。"孩子玩玩具拼图，怎么也拼不好，他在一边稍加指点，然后告诉孩子："爸爸可不帮你，爸爸相信你，你能拼好的。"在他认为儿子能够完成一件事的时候，他从不主动帮忙。

有一天，孩子放学回家对他说："爸爸，老师说要组织一次野炊活动，可是经费得自己想办法，不能向家里要。我到哪里去挣钱呢？"

张先生说："老师说得对，自己的问题要自己解决。爸爸只能提个建议，要靠自己的真本事挣钱。"

后来，儿子就和几个同学约好，替报社卖报纸，辛苦了一个周末，也挣了不少钱，他们用自己的劳动解决了野炊的经费问题。

渐渐地，孩子被调教出来了，遇事不再找父母，而是先自己想办法，实在解决不了，才要求父母帮忙。事实也证明，孩子在能力所及的范围，是可以自己去解决很多问题的。

张先生的教育方式非常值得广大家长朋友借鉴。父母给孩子一定的自由度，适时放手，才能培养孩子独立自理的能力。

家长放手才是真正能让孩子学会独立生存的一步，爱孩子更应该让他们学会独立。在生活中，我们要像故事中的父亲学一学，大胆放手，给孩子一点儿独立的空间，给孩子一个锻炼体验的机会，让他们像小鸟一样学会展翅飞翔。父母不应该溺爱孩子，放开手让他们自己学会独立才是成长之道，这才是父母真正爱孩子该做的事情。

小鸟从小就有飞的本能，孩子也有独立判断成长选择的能力。放手把自由还给孩子，你会发现他们比想象的更勇敢、更自信，也飞得更高、更远。

每个孩子都有自己的未来，都有自己要承担的责任和义务。当下，父母最需要做的是学会放手，给孩子机会。

1. 给孩子实践的机会

现在很多孩子有一个致命的弱点，那就是依赖性强，没有自主性。这种现象归根结底在于父母的包办代替，使得孩子缺乏自信心，能力低下，让孩子丧失了自我实践的机会。

与其父母一一照顾周全，不如让孩子自己找事情做并完成。生活中，父母要为孩子创设良好的环境，提供锻炼的机会，让将日常生活中孩子能力范围之内的事务交给他独自处理，并观察孩子的完成情况。这样，不但可以培养孩子的独立性，也可以使孩子更有责任感。比如，可以让孩子帮忙擦桌子、洗碗筷等。当孩子完成父母交给的任务后，要跟他说声"谢谢"，并给予适时鼓励。

2. 让孩子做力所能及的事情

家长不可能照顾孩子一辈子，因此从小就应该让他学做一些力所能及的事情，如洗衣服，收拾文具，帮父母拖地、洗碗等。只有从小事做起，才能逐渐培养起孩子独立自主的精神。

程刚是个有独立性的男孩，刚上小学的他可以不依赖父母独自处理自己的事情，如自己穿衣服、吃饭、叠被子、收拾玩具等。他还能帮助父母做一些力所能及的家务，如拿碗筷、给客人端茶、帮妈妈拎购物袋等。这都得益于他爸爸从小对他的培养。

程刚爸爸认为孩子是一个独立的个体，所以有意识地从小事入手，让程刚形成独立思考问题、独立处理自己事情的良好习惯。

书包都是让程刚自己整理。收拾书包是一项繁复的工作，刚开始，程刚经常丢三落四，但爸爸从不插手，时间长了，程刚吃够落东西的苦头了，就能够做好这项工作了。

做心平气和的父母

铅笔也是程刚自己削。爸爸没有因为怕程刚有割伤手指的危险就代程刚削,而是给程刚选购了卷笔刀,让程刚自己动手。因为铅笔每天都要用,爸爸知道,如果自己代劳,天长日久程刚就不会有"自己的事情应该自己做"的意识。

爸爸让程刚独立完成作业。程刚有的时候会因为没有掌握当天的学习内容,在完成作业的时候遇到困难,当他向爸爸求助的时候,爸爸从不直接帮助他,而是让他自己想办法解决,逼得程刚不得不认真听讲、靠自己掌握。

爸爸还鼓励程刚亲自动手做事。平日里,遇到程刚有动手的好奇心时,爸爸从不因为怕程刚搞砸而不让程刚插手,即使程刚真的搞砸了爸爸也会鼓励他"下次一定能够做好"。

孩子的独立性是在实践中逐步培养起来的。家长应放手让孩子锻炼,

不要怕他们做不好，也不能求全责备，更不能包办代替。对于孩子独立去做的事，只要他们付出努力，无论结果怎样都要给予认可和赞许。这样会提高他们的积极性，增强他们的自信心，增加他们的锻炼机会，养成独立的行为习惯。

做心平气和的父母

锻炼孩子的生活自理能力

❶ 生活自理能力强的孩子更能很好地踏出家庭保护网

自理能力，是指人们在生活中自己照料自己的行为能力，它是一个人应该具备的最基本的生活技能。

对孩子来说，自理能力是从依赖到独立过程的前提和基础，是孩子从依赖成人的帮助，到学会照顾自己的食、衣、住、行的历程，这些对孩子来说，是踏出家庭保护网的第一步，绝不能马虎。

现在的大多数独生子女，在过分的呵护和娇惯之下长大，父母"包办代替"了大部分甚至全部本应当由孩子自己做的事，这些举动表面上看是关爱孩子，实际上是极大地阻碍了孩子的正常发展。有些孩子，除了上学读书外，生活中的事他们一概不知，这样的孩子将来走上社会，怎么会成功呢？

有一个男孩子，父亲是一所名牌中学的校长，他自己的学习成绩也很优异，因此，考取了这所名牌中学。

这所学校上体育课时，要求学生换上运动鞋，但这个男孩一贯由父母照顾，衣食住行样样都是父母安排。在学校换运动鞋对他来说成了一个难题。就这样，考这所名牌中学没要当校长的父亲出面的他，却因为不会系鞋带，只得由父亲出面，请班上一位班干部每次帮他系鞋带。

这位中学校长是爱孩子的，可他爱孩子的方式过于盲目，只是一心一意地去爱，却忘了孩子进入社会首先必须学会生存。

上面这个事例不能不引起做父母的反思：在教育孩子的过程中，父母是否有意无意地包办了孩子许多力所能及的事情？在重视孩子学习成绩的同时是否忽略了培养孩子的生活能力？作为家长，是否在无意中剥夺了孩子成长的权利，限制了孩子的自我发展？

生活自理能力是孩子在成长过程中必须学会的一个环节。有调查表明，生活自理能力差的孩子，缺乏实际生活的经验，缺乏处理实际问题的勇气和毅力，他们不善于适应周围的环境，也不善于处理人际关系，遇到生活中的新情况往往采取退避和依赖的态度，缺少探索的精神和积极性。这样的孩子并不具有竞争力，一旦脱离了父母的辅助，他们将惊慌失措，不能将生活正常进行下去。因为他们没有独立生活的意识，不具备独立生存的能力，迟早会被社会淘汰的。

❷ 让孩子成为你的另一只手

我国著名教育学家陈鹤琴先生说过："凡儿童自己能够做到的，应该让他自己做；凡儿童自己能够想的，应该让他自己去想。"这是一条符合教育规律的至理名言。如果放手让孩子自己做，我们的孩子将会得到锻炼的机会，我们也会发现孩子的潜能是无穷的；如果我们一直"大手帮小手"，我们的孩子将会在无形中被剥夺许多发展的机会。

有一句话是这样说的："做母亲的最好只有一只手。"说的就是要对孩子放一只手，有些问题让孩子自己去尝试着解决。让孩子学会自理，自己的事情自己做，为的是促进孩子的独立性发展，这对孩子将来的学习、工作、事

做心平气和的父母

业乃至一生成长都是有好处的。

任何一位父母，都不可能包办孩子的一生。孩子的将来，包括学习、工作以及事业的成功，都要靠他们自己去闯、去努力、去奋斗。而这一切，没有自立自强的意识和精神，是很难取得满意的结果的。父母应该明白，自立既是生存的需要，也是孩子成长中的必然一课。

1. 不要剥夺孩子锻炼的机会

克劳斯太太的教子经验值得当今父母学习和借鉴：

女儿从小爱在厨房里跟进跟出，一天，她说她要自己做蛋糕，尽管克劳斯太太觉得女儿的这种想法有些可笑，但克劳斯太太还是买来做蛋糕的现成材料，让女儿动手做蛋糕。她一会儿称重量，一会儿打蛋，一会儿和面……所有过程都是她自己动手，克劳斯太太在一旁耐着心地看着。为了安全起见，在使用搅拌器时，克劳斯太太握着女儿的小手，一同使用搅拌器。

就这样做了两三次之后，女儿便做成了一份看上去很不错的蛋糕，女儿十分高兴。后来，克劳斯太太家里有朋友来，都由女儿负责做甜点。过年过节，克劳斯太太送女儿去朋友家，也让她展现一下她的好手艺。

凡是孩子自己能做的让他自己做，不要代替他，这是一个原则。家长应该认识到，小孩子无论做什么事情都有一个规律，即从不会到会，从做不好到做得好，因此，不要求全责备，也不要看到孩子做不好就去代替他，这样等于剥夺了孩子锻炼的机会。

当孩子要求"自己做"的时候，父母就要因势利导，教孩子一些自我服务的技能。其实，这种教育是很简单的，可以从身边的小事教起：如穿衣服、脱衣服、吃饭、洗手、收拾玩具等。教孩子不要急于求成，每件事都可以分解成若干小步，每次做到一两个小步，逐渐达到熟练的程度就可以了。

2. 让孩子学会做家务

从小让孩子进行一些家务劳动锻炼，使孩子学会做点事，减少对父母依赖的心理，将会促进孩子"自己能做的事自己做，不依赖别人帮助"的独立意识形成，这对培养孩子的生活自理能力将起到巨大的作用。

艾森豪威尔很小的时候，就在母亲的指导下学会了做家务。在学习之余，艾森豪威尔不仅要砍柴、做饭、打扫卫生，还要在自家的空地里学种蔬菜，参加家庭劳动。

有一年，艾森豪威尔的弟弟染上了猩红热，家里顿时紧张起来。猩红热是一种传染病，病人必须和家里人隔离开。于是，父亲便和几个孩子挤着住在楼下，由母亲来照看弟弟。由于父亲每天要工作，两个哥哥又在外地打工，其他的几个孩子年龄尚小，所以母亲就把烧水做饭的事情交代给艾森豪威尔去做。小艾森豪威尔此前根本不会做饭，但是在这种情况下，他也只能下定决心把饭做好。

刚开始，母亲手把手地教他生火、切菜、做饭的一整套流程，后来，母亲每天把要做的饭菜都准备好，小艾森豪威尔便开始一个人在厨房里忙活起来。凡事都是被逼出来的，他虽然从来没有做过饭，但对做饭还是感到很新鲜有趣，所以就做得很认真仔细。刚开始的时候厨艺不精，做出来的饭菜常常让家里人难以下咽。但母亲每次都吃得很起劲，还鼓励他说，做得很好吃，让他继续努力。经过一段时间的磨炼，艾森豪威尔的厨艺有了很大的提高，还练就了几个拿手好菜，看到家里人每天吃饭狼吞虎咽的样子，他高兴极了。

从此以后，艾森豪威尔便承担起了家里做饭的任务。上中学的时候，有一次，学校组织郊游，由他负责给大家做饭。凭着母亲教

做心平气和的父母

给他的手艺,他做了一顿丰富的野餐,令同学们赞不绝口。这也使他深深地体会到,只有依靠艰苦的劳动,才能改变和创造生活,赢得他人的赞赏。

直到晚年,艾森豪威尔常常津津乐道地向别人讲述自己少年时期做饭的经历。

做家务是培养孩子生活自理能力的好办法。父母适当地交给孩子一些工作,让孩子学着做些简单的家务,不仅能减轻父母的负担,还是一种教育和引导孩子的好办法。

不包办，不担忧，让孩子在独立中成熟

① 独立对孩子的成长过程非常重要

毋庸置疑，父母都是爱孩子的，但孩子早晚要独立安排自己的生活。父母无法跟孩子一辈子，也不可能照顾孩子一辈子。而且现在的社会复杂多变，孩子要想在社会上立足，就必须具备独立意识。

罗伯特·汤森说："人最终要独立地走向社会，就必须拥有自主独立的能力。"独立性是一个成功人士所必须具备的优秀品质，是一个人优良个性的体现。

美国著名教育专家罗伯特博士曾提出现代孩子教育的十大目标，其中第一条便是独立性。一个孩子在长大后要想有所成就，就必须具备独立思考、选择、判断、解决问题的能力，否则是很难适应现代社会需要的。让孩子从小学会独立，是为了使孩子自己主宰自己的命运，从而为孩子的人生奠定立足之本。

戴维·布瑞纳出生于美国一个中产阶级家庭。当他中学毕业时，许多同学的家长都给自己的孩子准备了一份厚重的毕业礼物，有的是新衣服，有的是旱冰鞋，甚至有的是新轿车。当戴维兴奋地问父亲自己可以得到什么礼物时，父亲却慎重地递给他1美元，

做心平气和的父母

并语重心长地说:"用它去买一张报纸,一字不漏地读一遍,然后在分类广告栏目找一份工作。自己去闯一闯吧,它现在已经属于你了!"

"什么?这怎么可……"戴维的神情中有着明显的失望,还有对自己能力的担忧。

"儿子,你已经中学毕业了,爸爸相信你的能力,相信你能靠自己的双手赢得你该得到的。"戴维的父亲鼓励儿子。

父亲的信任与鼓励,让小戴维终于鼓起了勇气,在那个假期里他赚到了人生中第一笔工资。从那以后,他学着不再依赖父母,自己独立处理遇到的问题。也正是这份独立意识加上不断的努力,让戴维成为美国最著名的喜剧演员之一。

成名之后,戴维对朋友感慨地说:"我一直以为这是父亲跟我开的一个天大的玩笑。几年后,我去部队服役,当我坐在伞兵坑道里认真回忆我的家庭和我的生活时,才意识到父亲给了我一种什么样的礼物。我的那些朋友得到的只不过是轿车或者新衣服,但是父亲给予我的却是整个世界,这是我得到的最好的礼物。"

表面看来戴维的父母对孩子似乎有些残酷,然而这种"残酷"里却藏着父亲对儿子用心良苦的爱和深深的期望,因为他知道只有在孩子年少时培养他处理问题的自立能力、积累丰富的人生经验,才能为孩子日后的成功奠定良好的基础。

② 给孩子一个独立的机会

鲁迅先生曾说:"子女是即我非我的人,但既已分立,也便是人类中的人。因为即我,所以更应该尽教育的义务,教给他们自立的能力;因为非我，所以也应同时解放，全部为他们自己所有，成为一个独立的人。"鲁迅先生的话正表达了这样一种现代儿童观——子女，是我的孩子，又不完全等同于我，他从母体出来后，已与母体分开，成为人类中的一个独立的人。因为还是我的孩子，作为父母就有教育他的义务，而这种教育主要是教给他自立的能力，因为他不等同于我，所以要解放孩子，使他们完全成为独立的人。

意大利教育专家蒙台梭利说："教育首先要引导孩子走独立的道路，这是我们教育的关键性问题。"父母应该明白，独立既是生存的需要，也是孩子成长中的必然一课。让孩子学会独立，自己的事情自己做，为的是促进孩子的独立性发展，这对孩子将来的学习、工作、事业乃至一生的成长都是有好处的。因此，要想让孩子长大之后，能在社会上独当一面，有所作为，就要

做心平气和的父母

从小培养孩子独立生活的能力和意识,锻炼好生存技能。

苏联教育家马卡连柯说过:"一味地抱着慈悲心肠为子女牺牲一切的父母,可以算得上最坏的教育者。"父母爱孩子是人之常情,但是爱孩子的时候要有原则和尺度,父母要控制住自己的感情,给孩子独立生活的机会,让孩子真正成为独立的个体。

作为父母,给予孩子真正的爱,就是要努力为孩子创造一个广阔的成长空间。大胆放开手,给孩子成长的机会,让他自己长大,这样才能培养孩子自立自强的技能。正如现代政论家邹韬奋所说:"凡是儿童自己可以干得来的事情,总是让他们自己去干,看护或教师至多在旁指导或看着,决不越俎代庖,这是要从小就养成他们的自立精神。"如果父母总是认为孩子还小,什么事都不懂、什么也不会做,所以就必须为孩子做这做那,那么孩子可能就因此而没有成长的机会了。

自己拿主意，做个有主见的孩子

① 培养孩子遇事自己做决定的能力

在生活中，很多父母喜欢听话的孩子，把孩子听话作为评判好和坏的标准。听话的孩子固然是好孩子，但是，一味地听话而没有自己的主见，这同样会成为孩子的"短板"，从而会对孩子的成长造成不良影响。要知道，一个成功者离不开的一个关键性性格特点就是有主见。因此，父母在教育孩子乖巧听话的同时，也要教育孩子有自己的判断力。

> 曾经有一位心理学工作者去一家中学调查中学生的自主性状况。
> 在被调查的中学生中，当被问到"在学习和生活中遇到难题，一时解决不了，该怎么办"时，所有被调查的学生几乎异口同声地回答：有困难当然是找父母解决。他们当中没有一名学生回答自己先想办法解决。当被问到"今后准备从事什么职业"时，竟然有70%的学生说，要等回家问过父母后才能确定。
> 这位心理学工作者在总结调查结果时，忧心忡忡地说道：当代一些青少年综合素质的一个不容忽视的弱项就是，缺乏自主性，对自我选择的冲动麻木。

做心平气和的父母

造成这一现象的主要原因是,父母剥夺了孩子的自主权利。在生活中,很多父母喜欢包办代替。在吃、穿、用等方面,甚至在孩子学什么、选择志愿这些重大事情上家长都不习惯与孩子商量,而是越俎代庖,这种思想是不恰当的。有句俗话说,小时候不把他当作人,将来也成不了人。人做决定的能力也是慢慢培养的,如果父母总是不给孩子机会,他们可能永远不会自己做出决定。

孩子是独立的个体,他们有自己的观念和判断。如果父母总是不给孩子机会,他们可能永远不会自己做出决定。所以,家长应该从小培养孩子遇事独自做决定,从小事做起,慢慢培养孩子的逻辑思维能力与判断能力,进而培养孩子的独立性。

盈盈是个既聪明又听话的小女孩,由于爸爸工作很忙,盈盈和妈妈待在一起的时间很长。妈妈每天接送盈盈时,都会把她的一切安排好,就连喝牛奶插吸管这样的小事,她也不让孩子自己做,总是为她提前准备好。

于是,每天早晨盈盈来到幼儿园后,从不主动去玩玩具或到户外活动,而是四处游荡,非要等老师指定她去玩什么,她才去。

每当老师让她进行选择时,盈盈总是犹豫不决,事事都要由别人做决定,自己想了半天也决定不下来。

老师觉得总这样下去是不行的,经过和盈盈妈妈沟通后,盈盈妈妈最终意识到了自己的错误。从把盈盈接回来的那天起,妈妈既不干涉盈盈做什么,也不催促她做什么。当盈盈特别想要自己脱衣服或者穿衣服时,父母就放手让她自己去穿;盈盈洗澡时,妈妈也尽量让盈盈有充足的时间在澡盆里玩耍;吃饭时,妈妈让盈盈自己吃,他们尽量让盈盈自己的事情自己做。

经过父母半年多的"自主"教育,现在,盈盈已经是个独立自主的孩子了，她有自己的眼光、自己的思维、自己的感受、自己的判断，不再是绝对听话，要她干什么就干什么的"小木偶"了。

❷ 尝试着让孩子从小就为自己的事情做决定

做事有主见在一个人的成长过程中是一项很重要的能力。很多父母会误认为孩子只有长大懂事后才会有自己的主意，殊不知，有主见的孩子需要从小开始培养。因为几岁到十几岁的孩子往往以自我为中心，如果不能体察他们的内心世界，不注意尊重他们的自主要求，一味地按照自己的想法为他们规定学习和生活的模式，孩子的依赖性就会越来越强。这样的孩子长大后，很可能会成为一个优柔寡断、遇事毫无主见的人。

需要注意的是，培养孩子有主见并不是让孩子不听劝告、一意孤行，而是希望孩子在面临选择时，保持清醒的头脑，不人云亦云，有自己的思考和判断。这样，可以有效避免或减少成长过程中那些不必要的损失或失败。

篮球明星乔丹的妈妈曾深有体会地说："在对孩子放手的过程中，最棘手的问题是让孩子去追求自己的梦想，自己做出决定，选择与我为他们设计的不同的发展道路。"自主选择是一种能力。家长要注重孩子这种能力的培养，它是建立在对自己负责的基础上的。尽管有的孩子年龄尚小，但也有自己独立的人格，孩子们的事应该由他们自己做出决定。如果家长能够把选择的权利交给孩子，尊重孩子的选择，孩子就会感受到他们被尊重、被信任，从而带给他们自信和成就感，使他们感受到自己能把握生活。

1. 尊重孩子的意愿

孩子是有独立意识的人，家长要尊重孩子的愿望，给予他选择的自由，今后的路要他自己走，由他自己承担选择的结果，也是为自己人生负责任的开始。

做心平气和的父母

谢军是享誉世界的国际象棋特级大师,曾获得过多项世界冠军。很多人羡慕她的辉煌成就,但很少有人知道她之所以能够取得这样的成就,完全是因为父母给了她自主的机会。

1982年,12岁的谢军小学即将毕业,但她却面临了两难境地:是升重点中学还是学棋,在这个分岔路口谢军举棋不定。

小学六年中,谢军曾有7个学期被评为三好生,这样品学兼优的孩子谁见谁要,学校当然要保送她上重点中学。

但是,国际象棋的黑白格同样牵引着谢军和她的家人。在这个节骨眼,母亲的一席话给了谢军莫大的勇气,让小小年纪的她学会了自主,学会了对自己负责。

母亲叫来谢军,用商量的语气说:"谢军,抬起头来,看着母亲的眼睛。你很喜欢下棋,是不是?"

谢军目光坚毅、严肃地看着母亲的眼睛,坚定地说出七个字:"我还是喜欢学棋。"

听到女儿的话后,母亲同意了她的选择,同时严肃地说:"很好,不过你要记住,下棋这条路是你自己选择的,既然你做出了这个重要的选择,今后你就应该负起一个棋手应有的责任。"

一个12岁的女孩很难懂得和理解这段话,但理解了父母的良苦用心。

正是母亲的这番话,使谢军受益一生。假如当初没有这番话,或者父母包办决定女儿的前途,都不会有今天的谢军,也不会有中国这位国际象棋"皇后"。

每个孩子都有自己的梦想,当孩子树立了远大的志向后,家长应当尊重他们的选择,不应横加干涉,更不要把自己的意愿强加给他们。相反,应鼓励、帮助、引导他们为实现自己的理想而努力奋斗,谢军母亲的做法值得家长们借鉴。

2. 让孩子自己做决定

孩子的自主性往往表现在他的选择上，但家长由于怕孩子自己选错，总是不敢把选择的权力交给孩子。可是，如果从未给孩子选择的权力，他就永远学不会选择，永远没有自主性。

> 澳大利亚有位初三毕业生，他感觉自己读书很吃力，不打算上高中，回家后把想法告诉父母，父母对他说："我们想听听你对今后的打算。"
>
> 孩子回答说："我对美术感兴趣，我想毕业后搞花卉种植，将来向园林方面发展。我征求过生涯规划老师的意见了，老师肯定了我的想法。希望你们能支持。"
>
> 他的父母听了孩子的这番话，综合孩子的学业情况后，同意孩子的选择，并提供两万澳元作为孩子事业的启动资金。
>
> 孩子做了自己想做的事，表现得特别积极而愉快，很好地发挥了人际交往方面的特长，拉赞助，找帮手，查资料，勤请教，两年之后他果真成立了一家花卉公司。

自己的人生要自己做出选择。孩子的成长过程中会遇到很多重大抉择，这时父母切忌"包办"，而是要给孩子自由，让他自己经过思考再做出决定。比如，高中时，选择文科还是理科；升学择校，这几乎是每个孩子都面临的、关系到自己人生的重大问题。这个时候，父母就应该放手让孩子自己去选择。更为重要的是，父母应该告诉孩子这样一个道理：选择时要慎重，选择了就不要后悔。

第七章

不急不躁，提高孩子的情商

做心平气和的父母

提高交际能力，教孩子如何与人相处

① 教会孩子与人交往的本领

与人交往是孩子的重要能力之一。社会的发展，越来越需要人们具备善于与人交往合作的能力。培养孩子良好的社交能力，不仅是孩子智力发展、健康成长的需要，也是他们日后生存和发展所必备的品质。但现在有不少孩子不善交往，不会交往，甚至害怕交往，有的到了成年，还视交际如险滩，迟迟不敢把脚步迈出去。在竞争日益激烈的今天，如何让孩子走出孤独，学会交往，应是家长需要解读的课题。

交往能力是一种驾驭生活、完善自我的能力，它对孩子的成长、个性的形成和发展具有特殊意义。一个人的个性总是在特定的社会环境下，通过与他人的交往逐步形成。孩子兴趣的培养、情绪和能力的发展都离不开交往。正是交往，才使孩子有了更多的学习各种知识并获得社会经验的机会。在与他人交往的过程中，逐渐理解和掌握道德行为规范、社会价值观念，学会认识别人和评价自己，渐渐地形成自己不同于他人的意识倾向、心理特点和个性品质。

一位美国心理学家指出，很多成年人的拘谨、不会合作可以追溯到他的儿童时代。是否会协作是决定孩子将来能否成才的关键。协作必须通过交往来完成，培养孩子交往能力关系到孩子成长以后能否与社会、集体、他人之间建立良好、协调的关系。很显然，让孩子从小学会交往是非常必要和重要的，家长应鼓励和教会孩子与人交往。

李华今年8岁了，刚刚上小学一年级，由于某种原因他比同龄的小朋友晚入学一年。入学后，李华没有朋友，就连他的同桌小强也不愿意理他，还经常欺负他。

李华把这些情况告诉了爸爸，爸爸问他："小强为什么不愿意理你呢？"

"他说我很笨，所以晚上一年学，还告诉其他同学不理我。"李华告诉爸爸。

"那你就好好读书，每门功课都要比他们好，让老师也说你好，他们就不会不理你了。"爸爸说道。

李华听了爸爸的话，非常用心地学习，成绩进步很快，这让同学们都很吃惊。渐渐地，他们都不说李华笨了。

可是，小强还是经常欺负李华，有一次竟然打了他。李华很难过，告诉了爸爸。

"小强是个怎样的孩子？你能和爸爸说说吗？"爸爸问李华。

"他学习不用功，经常在学校里捣乱，上课也不好好听讲，老师让他回答问题，他什么都不会。"李华说道。

"哦，那你想过在学习中帮助小强吗？"爸爸问。

"我为什么要帮他，他总是欺负我！"李华不解地说。

"要想不让他再欺负你，最好的办法就是把他变成你的朋友，你觉得呢？"

李华想了一会儿，对爸爸说："我知道该怎么办了。"

"好，相信你们会成为好朋友的！"爸爸高兴地说。

后来，李华果然主动去帮助小强了。起初小强还有点迟疑，

做心平气和的父母

但看到李华是真心想帮助自己，便愉快地接受了李华的帮助。过了一段时间，小强的学习成绩有了很大的进步，李华和小强也成了最好的朋友。

❷ 陪伴孩子一起融入社会交往活动

交往是孩子融入社会的重要前提。和亲近的同学、伙伴建立友谊，有利于孩子相互学习社会知识、体验社会情绪，为以后的人际关系奠定基础。通过自由平等的同伴交往，孩子能够发展自己的社会交际能力和社会判断力。

交往是人们实现合作与沟通的前提。随着社会的发展，人际交往的功能越发显得重要，一位成功学专家说："所有成功的人之所以成功，是因为他的人际关系非常好。不会与人交往的人，在社会上很难受到别人的欢迎，而一个不受欢迎或不被他人接纳的人，也是根本不可能取得成功的。"因此，父母应当充分认识让孩子学会交往的重要性，从小鼓励孩子积极交往，从而为孩子的健康成长和将来走上成功之路打下坚实的基础。

1. 传授孩子交往技能

小华的父母以前的工作单位比较特殊，和外界接触得少。单位里没有和小华同年龄的孩子，也没有幼儿园。小华从小便由一个农村来的小保姆照顾。保姆人很老实，不太爱说话，慢慢地，小华就学会了自己待在家里玩，很少出去了。小华的父母工作都忙，平时很少和他在一起。由于亲戚朋友比较少，家里也很少有人来做客，小华变得越来越怕生，不合群。小华的父母后来意识到这种情况后，一步步指导他和别人交往。他们请同事、邻居家的小朋友来玩，父母在旁边加以指导，教给他一些常用的社会交往策略，如让小华和小朋友一起玩玩具，和小朋友做合作游戏等，还带小华到人多的地方，鼓励、指导他多和其他陌生的小朋友、友善的叔叔阿姨主动问好、说话、玩耍，不要怕生羞怯；每天去幼儿园之前，鼓励小华多交朋友，回家之后，询问小华有没有进展。刚开始的时候，帮孩子出主意，小华每交到一个新朋友，父母都表示由衷的高兴，并给予表扬。

很多时候，孩子不能与他人正常交往，是因为他们没有学会基本的人际交往技能，从而也不能以正常的方式和别人交往。所以，为了提高孩子的交往能力，家长要指导孩子学会沟通交往的技能和本领，如待人、接物、礼仪、谦让、谈吐、举止的规范；正确处理与伙伴间的关系，友好地与同伴交谈，用别人喜欢的名称招呼他人；赞扬他人要诚心诚意，批评他人时要与人为善；体察别人的情感，了解别人的需求；学会当接受别人的给予时，要考虑别人的奉献；追求自己的需要时，想想别人的利益；引导孩子严于律己，宽以待人，不要斤斤计较，不要心胸狭隘等，让孩子学会交往的技能。

2. 为孩子提供交往的机会

交往能力是在与他人的接触中形成和发展的，如果没有这样的机会，孩子的交往概念就很难形成，交往能力也就很难发展。家长应为孩子创造条件、提供各种机会，让他们在实践中学习交往，感受交往的快乐。

12岁的浩然是一名小学五年级的学生，他不仅学习成绩好，在班里的人缘也很好，朋友非常多。每当有人问浩然人缘好的原因时，他都会自豪地回答说："你们问我妈妈吧，这都是我妈妈的功劳呢。"

原来，妈妈在生活中很重视对浩然人际交往能力的培养。妈妈经常鼓励浩然多参加集体活动，并广交朋友。每隔一段时间，妈妈

做心平气和的父母

你们周末去我家玩吧。我妈妈准备了很多好吃的。

好啊!

都会让浩然出去找附近的同学玩,或者让他邀请同学来家里做客。有时候同学过生日,妈妈也会帮着浩然给同学制作一份小礼物,每逢过节,妈妈还会帮着浩然给同学发电子贺卡呢!

孩子自己的圈子毕竟是有限的,父母要为孩子多提供交往的机会,以增长孩子的见识,增强孩子的社交能力,为孩子将来步入五彩缤纷的社会,奠定必要的基础。在生活中,父母可以多带孩子参加一些社会活动,让他们结识更多的人;请邻居的孩子到家中玩,让自己的孩子与别的孩子住在一起,请好友的孩子在自己家住几天等。给孩子创造一些与人交往共处的机会,时间长了,孩子就能增强与人交往的能力。

告诉孩子，分享是一种美德

1 分享是社交生活中的秘密武器

所谓分享，是指个体与别人共同享受欢乐、幸福、好处等。它是亲社会行为的一种表现，是人们在积极的社会交往中经常采取的行为，它含有共同拥有、共用的意思，在某些情况下，还有均摊或参与的意思。分享是与独占和争抢行为相对立的，而后者常被视为自私自利的表现。从广义上讲，分享不仅包括对物质和金钱等有形的东西分享，还应包括对思想、情绪情感等精神产品的分享，甚至还有对义务和责任的分担。分享对一个人与社会的融合起着决定作用，它影响着人能否被社会接纳、能否适应社会、能否在社会上生存。所以在日常生活中培养孩子的分享意识是很重要的。

萧伯纳说："你有一个苹果，我有一个苹果，彼此交换，每个人只有一个苹果。你有一种思想，我有一种思想，彼此交换，每个人就有了两种思想。"这就是分享的力量，分享能够让人减少痛苦，获得快乐。如果孩子懂得与人分享，那么不仅会使别人快乐，孩子自己也会更加快乐！

小涛是一个活泼可爱的小男孩，但有一个最大的缺点就是自私。他不愿意和小朋友分享自己的玩具，每当小伙伴碰到他的玩具时，他总是发脾气地大叫，说："不要动，那是我的。"

做心平气和的父母

看到小涛的举动，妈妈很着急，如果孩子总是这样，那么后果不堪设想。于是妈妈决定找个机会好好教育一下小涛，帮他改掉自私的坏习惯。

一次小涛在家里玩，妈妈假装要和小涛一起玩，当妈妈拿起小涛最喜欢的玩具时，小涛又开始犯自己的老毛病，示意妈妈把玩具给自己，他大声地叫着说："把我的小车子放下，那是我的。"

这时候妈妈微微皱皱眉头说："你的我们就不能一起玩吗？"

"我不！"小涛生气地说。

妈妈没有说什么，只是点点头说："好吧，那你自己玩吧，我去玩我的玩具，你也不能动。"说完，妈妈从书包里拿出一个新玩具车，假装比画着在小涛面前晃来晃去，这一下子就吸引了小涛的注意力。他要求妈妈把那个新玩具给自己，但是妈妈就是不理，最终小涛妥协了，他拿着自己手里的小汽车，决定和妈妈一起玩。

那天，妈妈和小涛玩得很开心、很和睦。妈妈问小涛开不开心，小涛点点头，于是妈妈告诉他："如果你愿意把玩具分享给别的小朋友一起玩儿你会更开心。"这时候小涛点了点头，在以后的生活中，小涛比以前慷慨了许多，慢慢地也愿意与他人分享了。

分享是孩子获取快乐的途径。分享是孩子应该养成的一种良好品质。从个体发展的角度来看，每个孩子都要同他的同龄人进行交往。懂得分享的孩子容易与他的朋友和同学打成一片，并在其中感受到快乐，进而使他的性格变得越来越开朗、自信、合群。而不会分享的孩子，往往与伙伴的交往也不会顺利，进而造成他们感到不容易融入集体之中，不被他人接纳，继而会感到孤独，性格容易变得封闭、孤僻。

❷ 有意识地培养孩子爱分享的好习惯

学会分享是孩子成长发展中的一个重要里程碑。然而，现在的孩子大多是独生子女，在家庭中拥有相对特殊的地位。从小在相对封闭的、受到严密保护的环境中成长，缺乏对他人的关心和尊重，无形中形成了自私、专横、独占等不良的情感。他们习惯了家长的呵护，往往以自我为中心，不知道如何去关心别人，体会不到与他人分享的快乐。显然，分享不是一件易事。因为孩子的分享行为并非天生，而是通过后天的教育和引导逐渐形成的。正因如此，在孩子的成长过程中，家长有义不容辞的责任培养孩子的分享品质。

1. 引导孩子的分享行为

在现实生活中，有很多孩子吃独食，不愿与他人分享，这与父母的溺爱是密切相关的。很多父母出于对孩子的爱，把好吃的、好玩的全让给孩子，会导致孩子认为好的东西都理所当然地属于自己，同时容易产生自私的心理。因此，家长要让孩子体验分享的快乐，让孩子学会把好吃、好玩的东西与大家分享。

一位父亲是这样教孩子的：

一次，家里买了花蛤煮汤。儿子特别喜欢吃花蛤，汤一上桌，他就把里面的花蛤全都捞走了。爸爸批评他，可他还振振有词地说："人家喜欢吃嘛，爷爷、奶奶也不喜欢吃，他们都要让我吃。"其实，爷爷、奶奶不是不喜欢吃，只是孙子喜欢吃什么，他们就全让给他吃。于是，爸爸故意把儿子碗里的花蛤夹到自己的碗里，并说："爸爸也喜欢吃花蛤，你的这些花蛤让给爸爸吃好了。我知道你是个乖孩子，肯定会答应的，是不是？"

听爸爸这样说，儿子有点不高兴，可过了一会儿，他却说："爸爸,你不是说有好吃的东西要和别人一起分享吗?你怎么把花蛤全夹走了?"

爸爸心中暗暗高兴——儿子"中计"了,便趁机表扬他:"儿子说得真好,真是个懂事的孩子。现在,你把这些好吃的花蛤分给大家吃,好吗?"

这时,爷爷、奶奶也意识到孩子的爸爸是在有意地教育孩子,当孙子把花蛤夹到他们碗里的时候,他们也配合得很好,急忙夸奖他。受到大家的表扬,孩子的脸上露出了得意的笑容,好像做了一件多么了不起的事情,他感受到了与人分享的快乐。

孩子的分享行为不是自发形成的,家长必须在日常生活中引导孩子怎样做。例如,吃东西时,有意识地引导孩子将食物分发给大人,告诉孩子好吃的要和大家分享,还可以尝试着让孩子把好的、大的先给别人吃,而大人在欣然接受孩子给你的东西时,别忘了说"谢谢",让孩子感受到真实的分享,同时也在无形中让孩子学习了礼貌待人。

2. 给孩子分享的实践机会

有一个小男孩淘气任性,独占一切他心目中的好东西,这让父母很是头疼。有一天,爸爸给他讲了一个关于过生日的故事,孩子听完故事后说:"过生日我也要分蛋糕,还要分给我的幼儿园同学!"

"可是为什么要分蛋糕呢?"爸爸故意对儿子说,"为什么不把好东西全留给自己吃呢?分给那么多人多可惜啊!"

儿子说:"蛋糕太大了,我吃不完。"

爸爸知道,这是孩子最真实的理解。他希望儿子理解到快乐需要分享的道理,可是他不知道怎么说才能让儿子明白。

后来有一次，爸爸带着儿子到一个朋友家，参加朋友儿子的生日聚会。那里有很多小朋友，整个晚上孩子们都兴奋异常。朋友家准备了很多小孩子们的最爱：彩色卡通充气玩具、彩色氢气球、汉堡、巧克力、果汁、鲜奶蛋饼……好吃好玩的太多了，并且每个参加的小朋友都获赠了礼物。

在回家路上，儿子手里拿着玩具，嘴里吃着好吃的，一路笑嘻嘻地活蹦乱跳。

爸爸认真地对儿子说："儿子，你现在开心吗？"

儿子笑着说："开心！"

爸爸说："你知道吗？别人分给你的不仅是手里的东西，最重要的是快乐，对吗？"

儿子郑重地点头。从那以后，儿子不再偷着乐，而是喜欢把好听的故事，好笑的事情讲给父母、伙伴们听。

在生活中，父母应该多为孩子创造与同伴分享物品的机会，让孩子在实践中学会分享。家长可以利用节假日、过生日等机会，让孩子与同伴一起玩耍，并鼓励孩子拿出自己心爱的玩具，让他体验与别人一起玩自己的玩具的快乐。事后，父母可以告诉孩子玩得高兴的原因，在于和同伴分享了他的快乐。如果你愿意与别人分享你的快乐，以后你与同伴玩时，他们会乐意和你分享他们的快乐。

做心平气和的父母

引导孩子学会尊重他人

❶ 先尊重他人，自己才会获得尊重

尊重他人是孩子必须具备的品德。孩子来到这个世界上，内心世界一片空白，如果没有父母的指导与教育，孩子不会明白什么是尊重。所以，我们要教会孩子怎样去尊重他人。

古人云："尊人者，人尊之。"尊重他人是一种美德，是一种高尚的情操。只有尊重他人，才能获得他人对你的尊重。所以，尊重他人就是尊重自己。

阿尔倍托和妻子维多利亚女王感情和谐，但是也有不愉快的时候，原因就在于妻子是女王。

有一天晚上，皇宫举行盛大宴会，女王忙于接见贵族王公，却把她的丈夫冷落在一边。阿尔倍托很生气，就悄悄地回到卧室去了。不久，有人敲门，阿尔倍托很冷静地问："谁？"敲门的人昂然答道："我是女王。"

门没有开，房间里没有一点动静。女王离开了，但她走了一半，又回过头，再去敲门。阿尔倍托又问："谁？"女王和气地说："维多利亚。"

可是门依然紧闭，维多利亚气极了，想不到以英国女王之尊，竟然敲不开一扇门。她带着愤怒的心情走开了，可走了一半，想想还是要回去，于是重新敲门。阿尔倍托仍然冷静地问："谁？"女王委婉温和地说："你的妻子。"

这一次，门开了。

这个故事告诉我们，即使面对最亲近的人，也同样需要尊重。只有真正学会尊重他人、尊重身边的每一个人，才能得到他人的尊重，最终才不会使自己受到损失。

2 尊重是不给他人分等级

尊重是人际交往的桥梁。没有尊重的交往是不可能持续下去的。只有相互尊重，才能相互认可，体验对方的心情，让对方乐于接受。

"己所不欲，勿施于人"，这是尊重他人的基本原则。在人与人的交往中，你待人的态度往往决定了别人对你的态度。如果你能以平等的姿态与人交往，对方会觉得受到尊重，而对你产生好感；如果你自觉高人一等、居高临下、盛气凌人地与人交往，对方会感到自尊受到了伤害而拒绝与你交往。

一家生意红火的蛋糕店门前站着一位衣衫褴褛、身上散发着难闻气味的乞丐。旁边的客人都皱眉掩鼻，露出嫌恶的神色来。伙计喊着："一边去，快走吧。"乞丐却拿出几张脏兮兮的小面额钞票小声地说："我来买蛋糕，最小的那种。"

店老板走过来，热情地从柜子里取出一个小而精致的蛋糕递给乞丐，并深深地向他鞠了一躬，说："多谢关照，欢迎再次光临！"乞丐受宠若惊般离开，要知道，他从来没有受过如此殊荣。

做心平气和的父母

　　店老板的孙子不解，问道："爷爷，您为什么对乞丐如此热情？"

　　店老板解释说："虽然他是乞丐，却也是顾客呀。他为了吃到我们的蛋糕，不惜花去很长时间讨得的一点点钱，实在是难得，我不亲自为他服务怎么对得起他的这份厚爱？"

　　孙子又问："既然如此，为什么要收他的钱呢？"

　　店老板说："他今天是客人不是来讨饭的，我们当然要尊重他。如果我不收他的钱，岂不是对他的侮辱？我们一定要记住，要尊重每一个顾客，哪怕他是一个乞丐。因为我们的一切都是顾客给予的。"小孙子若有所思地点点头。

　　这则故事给了我们一些启示：与人相处时，无论别人的条件和身份是怎样的，都应该尊重别人。有句古语说得好："君子敬而无失，与人恭而有礼。"只有尊敬别人才能换来别人对你的尊敬，只有互相尊敬才能互相受益。

3　在家庭生活中，孩子也应该得到尊重

　　尊重是人的高层次的心理需要。一个孩子如果生活在尊重之中，他就学会了自尊和尊重别人。汉代徐干的专著《贵言》提出："君子必贵其言，贵其言则尊其身，尊其身则重其道，重其道所以立其教。"事物都是相辅相成的，尊重别人，别人才会尊重你。俗话说，你敬我一尺，我敬你一丈，就是此理。你不尊重别人，别人也不会尊重你。所以，尊重是人际交往的基础。

　　尊重别人这种品德，并不是与生俱来的，它是良好的教育的成果。在生活中，不少孩子不懂得尊重别人，可能是没有学会尊重，也可能是没有体验过被尊重，这是家庭教育的缺失，所以，父母要从小培养孩子尊重他人的良好品德，只要认真培养，你的孩子也一定能学会尊重别人。

1. 父母要尊重孩子

世界著名教育家池田大作说："尊重孩子的人格，孩子便学会尊重人。"尊重孩子要从关心孩子入手，只有受到尊重、关心、爱护的孩子才能尊重、关心、爱护周围的人。父母在与孩子交往中，要把孩子当大人看，尊重他，不能任意摆布或训斥。在家庭教育中，家长应像尊重成人一样尊重孩子，把自己放在与孩子平等位置上，遇到问题换个角度去想，寻求与孩子心理上的沟通。当孩子从父母的尊重、爱护中找到自信、自身价值的时候，他们自然而然地学会尊重父母、尊重他人。

2. 引导孩子换位思考

换位思考，就是站在他人的立场上体验和思考问题，设身处地地为他人着想，把自己放在他人的位置上思考，真切地感受他人的痛苦和困惑。当孩子出现不尊重他人的行为时，父母可以引导孩子进行换位思考，让孩子体会不被他人尊重的痛苦，从而学会尊重他人。

> 马东平时不太懂得尊重别人，无论是同学还是老师，无论是朋友还是亲戚，他总是在别人面前做出一些不尊重人的举动。比如，他经常讥讽、嘲笑别人。有一次，他看到同学莉莉的衣服上有一处泥点，就故意做出一副夸张的样子，说莉莉的身上好臭，把莉莉气得直抹眼泪。
>
> 老师向马东的妈妈反映了这件事，马东妈妈很生气。这天晚饭后，马东洗完澡坐在一边跟妈妈聊天，妈妈觉得这是教育他的一个机会。妈妈恰好看到马东的脚没洗干净，就夸张地对马东说："东东，你的脚怎么那么脏呀，让人看了真难受！"说完，还故意表现出一副很难受的表情。
>
> 马东尴尬地用手盖住自己的脚，红着脸，不吭声。随后，妈妈又对他说："东东，妈妈这样说你，你是不是很难受？"

做心平气和的父母

> 既然你知道被人不尊重是很难受的,那么就不应该再这样对待别人,你说呢?

马东不说话。妈妈又继续说:"妈妈知道这样说你,你一定很不高兴,那么你有没有想过,当你这样说别人时,别人会是什么感觉呢?是不是心里也很难受?既然你知道被人不尊重是很难受的,那么就不应该再这样对待别人,你说呢?"

听了妈妈的话,马东默默地点了点头。

案例中的妈妈通过换位思考,帮孩子理解他人的感受,从而让孩子学会了尊重他人。